谨以此书献给正在改变中国奥莱产业的奥莱人

奥特莱斯业态系列丛书

奥特莱斯的中国式“折”学

陈亚波 著

南方传媒 | 广东经济出版社
·广州·

图书在版编目（CIP）数据

奥特莱斯的中国式“折”学 / 陈亚波著．—广州：广东经济出版社，2023. 6
ISBN 978-7-5454-8649-0

Ⅰ.①奥… Ⅱ.①陈… Ⅲ.①零售企业—商业模式—研究—中国 Ⅳ.①F724. 2

中国版本图书馆 CIP 数据核字（2022）第 250024 号

责任编辑：毛一飞　陈慧敏
责任校对：张钰晴
责任技编：陆俊帆

奥特莱斯的中国式“折”学
AOTELAISI DE ZHONGGUOSHI "ZHE" XUE
出版发行：广东经济出版社（广州市水荫路 11 号 11 ～ 12 楼）
印　　刷：佛山市迎高彩印有限公司
（佛山市顺德区陈村镇广隆工业区兴业七路 9 号）

开　　本：787 毫米 ×1092 毫米　1/16　　**印　　张：**14.75
版　　次：2023 年 6 月第 1 版　　**印　　次：**2023 年 6 月第 1 次
书　　号：ISBN 978-7-5454-8649-0　　**字　　数：**213 千字
定　　价：98.00 元

发行电话：（020）87393830　　编辑邮箱：gdjjcbstg@163.com
广东经济出版社常年法律顾问：胡志海律师　　法务电话：（020）37603025
如发现印装质量问题，请与本社联系，本社负责调换。

推荐语

尽管奥特莱斯业态进入中国已有20来年，但是其在国内的发展长期处于良莠不齐的状况，市场上冒出了一批具有国际水平、运营良好的项目，同时更有许多项目只是以奥莱之名“挂羊头卖狗肉”，背后实际玩的是房地产开发，当潮水退去之后，人们终于看到了谁在“裸泳”。《奥特莱斯的中国式“折”学》不仅全面回顾了中国奥莱的发展之路，更回答了什么才是奥莱的本质。

王永平 全国工商联全联房地产商会商业地产工作委员会会长

20年前，中国第一家奥特莱斯——北京燕莎奥特莱斯购物中心开业；20年后，中国已开业200多家奥莱。奥莱在最近10年蓬勃发展，并且涌现出诸多具有中国特色的创新！但对奥莱行业而言，10年来，却一直缺乏既借鉴国际先进经验又体现中国本土创新实践的系统“教材”！亚波兄从2009年起深耕奥莱行业10多年，对国际标杆奥莱企业发展和中国本土奥莱创新有着深刻的体会和理解！我相信深爱着这个行业的他和这本书能给行业未来10年带来更好的助力！

杨泽轩 万商俱乐部创始人

深耕中国奥莱行业10多年的陈亚波会长在本书中总结中外奥特莱斯的发展成果，全面解读中国奥莱的发展创变，旨在为中国奥莱上下游企业、从业者提供理论指导和实践参考，相信本书能帮助更多奥莱从业者少走弯路，为中国奥莱大胆创新发展提供方向和方法论。

曾受本书作者陈亚波会长之邀，两度出席奥莱领秀峰会，为奥莱行业分享数智化转型解决方案。《奥特莱斯的中国式“折”学》，从传承、创新和健康发展三个阶段阐述和研究奥特莱斯在中国的发展之道，对我国奥特莱斯的整体发展趋势进行研判，既务实又创新，是一本奥莱从业者的必备宝典，特此推荐。

肖利华 浙江智行合一科技有限公司创始人／首席执行官，
阿里巴巴集团原副总裁

20年风华正茂，20年血气方刚。奥特莱斯进入中国20年，见证了中国零售商业的变革与繁荣，成为商业传奇中“国际化”潮流与“中国式”发展相结合的成功典范。本书深入阐释了奥特莱斯商业发展的独有模式，鲜明地指出了未来零售商业的风险与机遇，为业界打开了新的视野，带来不一样的启迪与“折”思。奥特莱斯在中国落地生根的20年，在给消费者带来全新购物体验的同时，也带动了整个商业生态体系的创新发展。我们期待在中国商业消费的新阶段——新零售时代，奥特莱斯能够产生更多的变革力量，进一步引领零售商业的演进。

雷利民 中国纺织品商业协会会长

陈亚波先生潜心耕耘奥特莱斯行业已十载有余，作为行业发展的重要见证者和推动者，他借会议和媒体等多种方式，链接市场资源，创新专业服务。进入新的发展周期，奥特莱斯与购物中心行业整体趋势一致，迎来了转型升级的关键时刻。正在此时，陈亚波先生也完成了《奥特莱斯的中国式“折”学》一书，可喜可贺！本书既总结了中国奥莱的发展进程，也分析了未来的发展方向，为行业带来很多新的思考与启发。我愿与所有奥莱人一道，祝贺新书出版，也祝福中国奥特莱斯在新周期实现高质量的新发展。

郭增利 中购联发展委员会主任，
中国城市商业网点建设管理联合会专职副会长，
中国商业地产工作委员会主任

奥特莱斯业态在中国已走过20年，犹如一个懵懂婴孩褪去青涩，脱胎换骨，成长为头角峥嵘的青年才俊。从最初中国消费者甚至业内人士一知半解，到如今遍地开花、当红不让，奥莱业态不仅成为近20年中国零售商业的突破领域，也顺应甚至改变了人们的生活消费方式。亚波兄以行业深耕者的视角，巧妙地将“折”字串联其间，对奥莱的起源、发展，特别是奥莱在中国的实践进行了由始至终、由外及里、细致入微、科学系统的解读。奥莱的新10年业已启幕，与热爱者同行，风起处笑看风云，奥莱的中国新美景未来可期。

胡硕 湖南友谊阿波罗商业股份有限公司总裁

自2002年国内首家奥特莱斯——北京燕莎奥特莱斯购物中心开业，奥特莱斯这一国内消费者接触国际大牌的“启蒙者”，已走过20个年头，成为国内线下商业“万花筒”不可或缺的组成部分。本书兼具国际视角和中国现实，作者以行业观察者的角度，系统梳理国内外奥特莱斯的发展成果，深刻剖析国内奥特莱斯行业发展的痛点、机会和挑战，为行业创新和未来发展方向的选择提供思路，是奥特莱斯行业中一本难得的全面、开阔视野、有“折”思的书。

周艳斌 赢商tech总裁，中国商业联合会商业地产工作委员会主任，
中国百货商业协会副会长

首先感谢亚波兄为奥莱行业贡献这本行业教科书——《奥特莱斯的中国式“折”学》。

奥特莱斯业态逐渐进入国内消费者视野，消费份额也在不断迅速扩张，本书作者以深耕行业10多年的眼界，从专业的角度，用最有说服力的数据，阐述了奥莱行业在国内外的发展历程，尤其指出奥莱行业在国内发展的独特性，剖析最值得深思的行业机遇与痛点，在充满了竞争与挑战的大背景下，本书为现在及未来的奥莱从业者提供了丰富的题材及帮助，也为政府相关部门及开发商提供了很有价值的参考。

李长铭 厦门尚柏奥莱商业管理有限公司董事长

中国的奥特莱斯之所以能在短时间内迅猛发展，天时、地利、人和缺一不可。所谓天时，就是中国的经济发展水平达到了国人能承受这种购物方式的阶段；地利则是因城市化发展，居民有这种消费需求；而人和就是一批奥莱人的追求。是陈亚波先生10多年的努力，是中国奥莱人的生动写照——热情、专业、执着，才有了中国奥莱的今天。

傅蔚冈 上海金融与法律研究院院长

亚波致力于奥莱行业的传播和研究多年，一直践行“传播奥莱文化，引领奥莱时尚”，被称为“国内奥莱传媒第一人”当之无愧。本书提供了大量案例，对奥特莱斯业态相比传统业态的独到优势及其成功秘诀进行了分析，面对其在中国本土化发展的瓶颈，提出了赢在中国的思维方式。最终呈现给我们的不仅是《奥特莱斯的中国式“折”学》这本书，更是每一个奥莱人、每一个商业人的初心与热血，对专业的钻研与守望，对用户的关注与理解。

在这个特殊时期，本书的出版具有非同寻常的意义。青山一道，同担风雨，感谢亚波和奥莱给我们带来的启发和思考，未来十年，日升月恒，奥莱风采正当时！

赵寿坤 蔻莎国际品牌管理（深圳）有限公司董事长

奥特莱斯相比传统百货和购物中心，其凭着低廉的租金和越过层层中间商让度实惠和利益给品牌商和消费者。通过渠道分销获取利润原先是渠道商相对暴利的一部分，但随着信息化带来平权，品牌商渠道下沉带来现代商业文明，暴利消失了，这是商业的一次重要革命，是市场经济发展过程中消费者主权的胜利。

亚波老弟通过他的潜心研究和观察思考，系统总结了奥特莱斯产业在全球的起源和发展，并对我国奥特莱斯业态当下的挑战与机遇进行了独到的分析与评判。《奥特莱斯的中国式“折”学》是一本非常值得一读的商业工具书。

蒋风冰　德尘书院院长，浙江大学哲学博士

经过20年的发展，奥特莱斯已成为中国零售业生态中举足轻重的组成部分，虽是“舶来品”，但已形成中国特色。国内研究它的人和组织很多，也有了一定的成果，但都尚不成体系。亚波兄的这本书是我在国内首次看到的对奥特莱斯做系统性阐述，收集了国内外大量翔实的商业案例和数据，结合诸多经验、思考整理而成的书，实属难得。相信不管是对奥特莱斯的资深从业者，还是对刚刚入行的新手，这本书都会是大有裨益的参考用书或教科书。

孙公科　伊芙丽集团总裁

亚波会长不仅仅是奥莱事业的参与者、践行者，也是奥莱事业的推动者、创新者。他长期扎根实际，立足当下，放眼未来，每年举办的奥莱领秀峰会更成为行业盛典，既是同行间进行经验交流的平台，又可以在此碰撞出新的火花；既能在此总结过去，又能探讨未来方向；既代表了行业的团结，又彰显了产业上下游的深入整合。

亚波会长的著作贯穿了奥莱的发展史，他的格局、他的视野、他的践行、他的胸怀、他的魅力都汇集在此。不仅仅要读他的书，更要走近他的人，感受他的信念和力量。

张文辉　衣脉合成服装货源供应平台创始人

奥特莱斯进入中国20年，已成为诸多消费者的日常选择，然而系统研究奥特莱斯的书籍不算多。本书体现了陈亚波会长10余年的行业研究功力，从行业起源，到中外行业特色与项目介绍，再到未来的趋势，均做了系统陈述，有助于行业人士提升认知，也可作为奥莱行业从业者了解行业状况的参考用书，亦师亦友，殊为不易。

吴春霞 广东粤海天河城商业有限公司董事长，
广州市粤海天河城百货商业有限公司总经理

作为浙江首家达国际标准的奥特莱斯，浙江奥特莱斯广场（杭州下沙奥特莱斯广场）自开业以来，已走过十几个年头，始终秉持“折就是爱”的经营理念，与亚波兄提出的中国式“折”学不谋而合，将人们的消费观定义为奥莱“折”学观。

本书全面解读了中国奥莱的发展创变历程，为上下游企业、从业者提供理论指导和实践参考，在商业运营和品牌管理上都具备代表性和引领性，值得行业分享！

金亮 浙江奥特莱斯广场有限公司董事长，
中国古籍保护协会民间古籍收藏工作委员会委员，
复旦大学中华古籍保护研究院董事会委员

推荐序一

20世纪70年代，中东战争爆发引发石油危机，进而引起全球性的经济危机，通货膨胀，经济滞胀，大量货品积压。奥特莱斯业态就在这样的大背景下应运而生。

1970年，美国威富集团在宾夕法尼亚州雷丁市的旧厂房里向公众出售旗下的品牌库存及尾货。因此该公司旗下品牌 THE NORTH FACE，Timberland，Vans，Kipling，LEE 为全球众多消费者所熟知。

不经意间，一种全新的零售业态诞生。

1985年，法国开设欧洲第一家奥特莱斯，标志着该业态在欧洲诞生。1995年，日本开设亚洲第一家奥莱，标志着这个业态在亚洲萌芽。2002年北京燕莎友谊商城有限公司在北京北四环开设了中国第一家奥特莱斯，奥特莱斯正式在中国起步。截至2022年11月，我国面积超过3万平方米的奥特莱斯达到231家。

奥特莱斯产业是汽车的普及以及服装品牌工业发展到一定阶段的必然产物，奥特莱斯的核心是品牌，尤其是服装、鞋帽、手袋的零售品牌。奥特莱斯发展的初级阶段目标是给品牌商们销售尾货和库存，然而随着其业态逐渐被越来越多的消费者接受，形成固定客群并不断外延，其业态也越来越丰富。奥特莱斯在中国的发展更是呈现出多样化的趋势，已经发展成为集购物中心和百货于一体的综合业态。

后疫情时代，百货凋敝，购物中心泛滥，电商经过近10年的高速发展日趋乏力，而奥特莱斯业态反而呈现出蓬勃的发展生机。事实已经证明，对于大部分品牌商而言，奥特莱斯已经成为其重要的零售渠道。百货、购物中心、电商、奥特莱斯四分天下的商业格局已然形成。

中国房地产市场经过多年的高速增长，房地产增量经济已经难以为继。随着我国存量商业地产大幅度、大面积地出现，奥特莱斯业态已经成为存量商业地产匹配的一种必不可少的选择。

本书系统讲述了奥特莱斯产业诞生的背景，以及其在美洲、欧洲、亚洲，尤其是在中国的发展状况。系统概括了奥特莱斯产业在美洲、欧洲和亚洲的发展特性，并介绍了全球著名的奥特莱斯各大运营商和运营手法。

改革开放40多年以来，国产品牌日益崛起，与国际知名品牌的差距正在缩小。它们的崛起，意味着能为奥特莱斯产业源源不断地提供新的商品。奥特莱斯受到越来越多的品牌商和消费者的关注，在整个商业零售份额中的占比逐步扩大，它已不仅仅是消化品牌商库存的渠道，还成为一种全新的购物和零售业态，在今后的社会商业零售体系中，将更加绚丽多姿。

亚波兄创造性地提出了美国的奥特莱斯是“70后”，欧洲的奥特莱斯是“80后”，亚洲的奥特莱斯是“90后”，而中国的奥特莱斯是“00后”的观点。认为奥特莱斯产业“诞生于美国，发达于欧洲，精细于日本，创新于中国”。

本书集亚波兄10年之心血，对于房地产、商业、金融投资、教育科研等行业从业者，以及品牌商、零售商而言，均是一本必不可少的启蒙工具书。

是为序言。

中国奥莱老炮儿全体成员

（周孙彤，张航，乔宇，郑远来，薛宏远，孙亚清，石明钟，陈凯利，蒋宏，王宏杰，陈伟健，蔡盛，韩东，王逸，姚志明，傅蔚阳，袁泽路，冯耀权，许俊毅，廖卫杰，李海斌）

推荐序二

从借鉴欧美模式，到业态自主创新，中国奥特莱斯面对“中国式现代化”的新发展课题如何更好地扎根、生存、发展和变革，是我近期思考的重点话题。恰好，我在此时接到了亚波会长的邀请，为他的新书《奥特莱斯的中国式“折”学》赋序。

通过认真研读，我发现这本书可以说是奥特莱斯进入中国20年来，最权威的一本行业参考书，不仅阐述了奥特莱斯业态的起源，分析了全球奥特莱斯业态的发展趋势，还引入了大量欧美、亚洲等优秀奥特莱斯商场的案例，以及中国奥特莱斯的全景运行版图，可谓奥特莱斯从业者、商业零售运营者的必读书籍。

从购物中心领域转型奥特莱斯行业以来，我与亚波会长已经建立了近十年的友谊，见证了他开辟中国奥特莱斯网，创办《奥莱领秀》杂志，打造中国奥莱领秀峰会，积极探索各类奥特莱斯行业交流平台，以及捏合中国奥莱老炮儿，建立奥莱领秀商学，全力推进奥特莱斯行业的发展。这一个个重要的里程碑历历在目，我也深度参与其中——从论坛主持人到演讲嘉宾，从奥莱领秀商学院讲师到奥特莱斯行业功勋人物等。亚波给我最深的感受是，他真切地在为奥特莱斯行业发展壮大付出努力。

过去十年，我所在的首创奥特莱斯，也与亚波会长搭建的各类平台和举办的各类活动紧密联系着。我提出的“奥特莱斯购物中心化”和“奥特莱斯微旅游”概念、“LEAD 奥莱”模式，都引起了亚波会长及行业相关人士的共鸣。因此，首创奥特莱斯在过去十年也与中国奥莱会深度合作，成为行业发展的优秀案例与引领者，获得了大满贯奖项，也从一家单体门店发展到如今布局全国15大主要城市，这自然也是本书的重要内容。

弹指一挥间，奥特莱斯在中国已经走过了第一个十年、第二个十年，即将进入第三个十年。我也将其发展分成三个阶段：2002—2012年，是奥特莱斯初入中国市场的“朦胧时代”；2012—2022年，是跑马圈地的“扩张时代”；2022年将开启精益运营、比拼内功的“运营时代”。

在新的十年里，我认为奥特莱斯行业将以精品奥莱、名品奥莱、区域中心奥莱三大定位展开，以 LEAD 奥莱，也就是标签化、体验化、家庭化、数字化为发展核心，最终实现标准化、规范化、特色化、模式化，这是中国奥莱独有的新路径。以此便可应对行业发展难题——品牌资源不足，奥特莱斯中国化如何深入？在与购物中心竞争加剧的情况下，如何保证价格优势？在渠道下沉趋势下，如何有效应对其他零售业态蚕食？

可以预见，面对风云变幻的市场环境，以及日趋白热化的行业竞逐，奥特莱斯行业还将迎来一轮甚至两轮大洗牌。最终，具备纯正“奥莱基因”的商业综合体，将成为零售业一股重要势力，我和亚波会长也将继续见证这一切。

最后，祝亚波会长的新书发行成功！同时也望此书读者能够深入研读、以史为鉴、规避风险，实现更大的突破！

袁泽路

（中国致公党中央经济委员会委员、北京市商业联合会兼职副会长、中国商业联合会奥特莱斯分会副会长、中国致公党北京市房山区支部主委、北京市房山区政协常委、首创钜大有限公司常务副总裁、中国商业70年功勋模范人物、中国商业改革开放40周年功勋人物）

自序

写这本书的时候，才恍然意识到我服务奥特莱斯这个行业已经有一些年头了，回忆我与奥特莱斯的结缘，那纯粹是一次偶然的机会。

2006年的意大利之行，是我第一次真正接触奥特莱斯，也就是那一次，让我与奥特莱斯结下了不解之缘。相比当时国内的零售，奥特莱斯偏离城市中心，其优美的环境、汇聚的“高大上”的品牌，以及诱人的低价是国内零售业无法比拟的。看着那些知名品牌店门前排起的长龙以及手提战利品、脸上洋溢着喜悦的消费者，我彻底被眼前的景象所感染，不自觉参与其中，用行动表达一切……当时，我在想，奥特莱斯在中国会是什么样?

回国后，我第一时间开始整理国内与奥特莱斯有关的信息，并实地考察了中国奥特莱斯的先行者——北京燕莎奥特莱斯购物中心，但在当时拿燕莎奥特莱斯与意大利的奥特莱斯相比，前者很难让人产生购物的冲动。不过也正是从这个时候，我开始思考奥特莱斯这一新的商业业态在中国的发展。为了更多地了解当时国内奥特莱斯的情况，我尝试通过不同的渠道去了解信息，只是结果并不理想，一来相关的信息少而零散，二来大多数人对奥特莱斯还非常陌生，没有什么深度的认知。也就是在那个时候，我有了一个初步的想法——建立一个奥特莱斯信息交流平台。而在看完了埃里克·莱斯（Eric Ries）的著作《精益创业》（*The Lean Startup*）后，我对将奥特莱斯作为今后自己的事业的决心也更加坚定了。

在经过一段时间的筹备后，我们在2009年上线了中国第一个奥特莱斯行业信息交流平台——中国奥特莱斯网（https://outletscn.com），最初的想法是希望通过这个平台让更多的人了解奥特莱斯业态，同时我更希望通过这个平台建立起一个共赢的交流空间。所幸，这一切都如愿实现了，通过中国奥特莱斯网这个平台，我结识了很多朋友和合作伙伴，在长期发展中，这些朋友与合作伙伴给予了我很大的支持与帮助。在2011年，我们又推出了国内第一本专业解读奥特莱斯业态的行业期刊——《奥莱视界》（2017年更名为《奥莱领秀》）。在互联网发展的大趋势下，从2010年开始，文字出版物实际上已经逐渐在走下坡路，对于当时的我而言，将业务范围从互联网拓展至传统文字出版物，是一个不小的挑战。不过《奥莱视界》的出版，还是很快得到了业内的认可。的确，在奥特莱斯的概念尚未完全普及的情况下，人们需要一个深度阅读的工具，而《奥莱视界》的出现正好满足了市场的这个需求。

2012年，是奥特莱斯在中国生根的第十个年头，经过十年的发展，中国的奥特莱斯已经从当初的“新生儿”逐渐成长为一个壮硕的“少年”。十年，在历史的长河中或许根本不值一提，但是在经济高速发展的今天，对于一个行业而言，是具有里程碑意义的。2012年底，我们成功举办了首届中国奥特莱斯行业高峰论坛（2017年统一为“奥莱领秀峰会”），这不仅仅是奥特莱斯落户中国十年来的首次论道，更为推动中国奥特莱斯的发展提供了一个有效的新交流平台。当2013年第二届中国奥特莱斯行业高峰论坛成功举办的时候，我们已经可以预见，中国的奥特莱斯将会逐渐成长为中国零售行业的生力军。

2022年是我从事奥特莱斯行业的第13个年头，这些年，我认识了许多人，也做了许多事情，同时也清醒地认识到，尽管中国的奥特莱斯在近几年呈现了迅猛发展的势头，但相比于欧美、日韩等地奥特莱斯的发展，我国的奥特莱斯依然处于前期的探索阶段。在此，我将近些年来自己对奥特莱斯的探索和认知整理成书，希望能借此与行业人士探讨交流，能起到抛砖引玉的作用，为奥特莱斯行业健康发展尽绵薄之力。

陈亚波

2022年9月于广州

目 录

第一部分
奥特莱斯概述

第一章
奥特莱斯的基本诠释

一、国外对奥特莱斯业态概念的界定

英文版维基百科对奥特莱斯的界定是，奥特莱斯店（outlet store）或者厂家直销店（factory outlet），是厂家通过自有的品牌店将其库存直接出售给公众的一种零售商店。这些商店可以是由砖瓦、水泥砌成的实体店，也可以是互联网上的店铺。就传统定义而言，奥特莱斯是毗邻厂家的商店或仓库，这些商店聚集在一起成为奥特莱斯购物中心（outlet center）。

2004年，国际购物中心协会（International Council of Shopping Centers，ICSC）新修改的购物中心分类中，将购物中心分为两大类和八个“次一类”，其中奥特莱斯被列入户外购物中心类型。这说明当时欧美国家已将奥特莱斯视为购物中心的一种类型，而非一个独立的零售业态，见表1-1。

表1-1　国际购物中心协会对购物中心的分类和定义

购物中心类型	概念	可租赁面积/平方英尺	占地面积/英亩	主力店			商圈**/英里
				数量/家	类型	占比*	
封闭式购物中心（mall）							
区域型中心	综合商品；时尚	400000~800000	40~100	超过2	综合百货店、初级百货店、大型商店、折扣百货店、时装店	50%~70%	5~15
超区域型中心	与区域型中心相似，但拥有更多的商品品类	超过800000	60~120	超过3	综合百货店、初级百货店、大型商店、时装店	50%~70%	5~25
户外式购物中心（open-air centers）							
邻里中心	便利	30000~150000	3~15	超过1	超级市场	30%~50%	3
社区中心	综合商品；便利	100000~350000	10~40	超过2	折扣百货店、超级市场、药店、家居装修店、大型专业/折扣服装店	40%~60%	3~6
生活中心	高档全国品牌连锁店；室外餐饮和娱乐	150000~500000	10~40	0~2	通常不设传统的主力店，可能是书店、其他大型专业零售商店、多功能影院、小型百货店	0~50%	8~12
能量中心	类别主导的主力店；少量小租户	250000~600000	25~80	超过3	大型专业店、家居装修店、折扣百货店、仓储会员店、低价店	75%~90%	5~10
主题/节庆中心	休闲；面向游客；零售和服务	80000~250000	5~20	—	餐饮店、娱乐店	—	—
奥特莱斯	厂家直销店	50000~400000	10~50	—	厂家直销店	—	25~75

注：*表示主力店面积占整体面积的比例；**表示60%~80%的销售额来自该范围；1英尺=0.3048米，1英里=1.6093千米，1英亩=4046.86平方米。

二、国内对奥特莱斯业态概念的界定

2021年，国家市场监督管理总局、国家标准化管理委员会联合颁布新国家标准《零售业态分类》，奥特莱斯被划分至购物中心业态范畴，与都市型、区域型、社区型形成购物中心的四大主要专业业态，见表1-2。

奥特莱斯已成为我国重要的零售经营方式之一，而且已远远突破商品零售的界限。奥特莱斯对一个城市的商业环境改善、消费与休闲方式的改变、投资结构的优化、对经济繁荣的贡献等越来越显示出它的重要性和生命力。

表1-2　零售业态分类和基本特点（购物中心部分）

业态		基本特点				
		选址	商圈与目标顾客	规模	商品（经营）结构	服务功能
购物中心 shopping center; shopping mall	都市型购物中心	城市的核心商圈或中心商务区，街区型或封闭型建筑结构	商圈可覆盖甚至超出所在城市，满足顾客购物、餐饮、商务、社交、休闲娱乐等多种需求	不包含停车场的建筑面积通常在50000平方米以上	购物、餐饮、休闲和服务功能齐备，时尚、休闲、商务、社交特色较为突出	提供停车位、导购咨询、个性化休息区、手机充电、免费无线上网、ATM取款等多种便利措施
	区域型购物中心	位于城市新区或城乡接合部的商业中心或社区聚集区，紧邻交通主干道或城市交通节点，以封闭的独立建筑体为主	辐射半径约在5公里以上，满足不同收入水平顾客的一站式消费需求	不包含停车场的建筑面积通常在50000平方米以上	购物、餐饮、休闲和服务功能齐备，所提供的产品和服务种类丰富	提供停车位，通常还提供导购咨询服务、个性化休息区、手机充电、免费无线上网、免费针线包、ATM取款等便利措施
	社区型购物中心	位于居民聚居区的中心或周边，交通便利。以封闭的独立建筑体为主	辐射半径约在3公里以内，满足周边居民日常生活所需为主	不包含停车场的建筑面积通常为10000～50000平方米	以家庭生活、休闲、娱乐为主，配备必要的餐饮和休闲娱乐设施，服务功能齐全	提供停车位，通常还提供休息区、手机充电、免费无线上网、免费针线包、ATM取款等便利措施
	奥特莱斯型购物中心	在交通便利或远离市中心的交通主干道旁，或开设在旅游景区附近。建筑形态为街区型或封闭型	辐射所在城市或周边城市群，目标顾客为品牌拥护者	不包含停车场的建筑面积通常在50000平方米以上	以品牌生产商或经销商开设的零售店为主体，以销售打折商品为特色	提供停车位

资料来源：《零售业态分类》（GB/T 18106—2021）。

第二章
奥特莱斯的历史
起源与发展阶段

一、厂家直销店雏形

奥特莱斯的广泛传播始于1970年，厂家直销店的创意，通常被认为源自哈罗德·阿方德（Harold Alfond）创办的戴克斯特鞋类公司（Dexter Factory Outlet Store）。

1914年，哈罗德·阿方德出生于马萨诸塞州伊塞克斯郡斯旺普斯科特镇，并一直在家乡生活直至成年。

1929—1933年，经济大萧条袭击全球，当然也包括阿方德一直生活的小镇。也许是受此影响，虽然高中毕业后收到了5所大学的录取通知书，但阿方德却没去上大学，而是跟随父亲前往缅因州科耐邦克镇的凯瑟伦鞋类公司（Kesslen Shoe Company）谋到一份职业。

1939年，在去斯科希甘展览会（Skowhegan Fair）的途中，阿方德从一位旅客那里获知了一个可能改变他一生的信息——缅因州诺基沃克镇附近的一家制鞋厂将被出售。阿方德意识到机会来了，于是他跳槽去了这家鞋厂。一年后，阿方德和父亲用卖车所得的1000美元买下了这家制鞋厂，并在此基础上成立了诺沃克鞋类公司（Norrwock Shoe Company）。

利用在凯瑟伦鞋类公司学习到的制鞋技术，阿方德和父亲制造出一款中等价位的皮鞋，其款式有点类似于武装部队所穿的鞋。短短4年，诺沃克鞋类公司的销售额就突破了400万美元。1944年，阿方德以110万美元的价格将公司卖给了美国鞋业公司（Shoe Corporation of America），并担任该公司的董事长直至1969年。

1956年，美国参议院参议员玛格丽特·蔡斯·史密斯（曾任缅因州州长）和欧文·布鲁斯特向阿方德求助，希望阿方德可以为布鲁斯特的家乡——缅因州戴克斯特市的居民提供更多的就业机会。1958年，阿方德花费1万美元在缅因州戴克斯特市买下一家老旧的纺织作坊，创建了后来的戴克斯特鞋类公司。

1959年，阿方德的侄子和其三个儿子一起加入戴克斯特鞋类公司。在生产高峰时期，公司每天可生产36000多双鞋子，每年生产超过750万双。最初，戴克斯特鞋类公司只生产一些传统款式鞋类，并为一些百货公司贴牌，供应对象包括西尔斯（Sears）、彭尼（Penney）、爱迪生（Edison）、蒙哥马利·沃德（Montgomery Ward）等。随后4年，戴克斯特鞋类公司开始生产其标志性产品胶底休闲船鞋和长筒靴，并在其上印Dexter字样。后来，产品线延伸至高尔夫球鞋、保龄球鞋和其他运动鞋。

1971年，戴克斯特鞋类公司成为缅因州第一家制造和零售自有产品的公司，与此同时，阿方德在缅因州中部的斯科希甘开设了第一家奥特莱斯工厂店。随后，戴克斯特鞋类公司原木屋样式的店，几乎一夜之间犹如出炉的爆米花一般，撒遍了新英格兰地区的主要公路沿线，暴增至80家，公司雇用了超过4000名工人，年销售额超过2.5亿美元。

1993年，79岁的阿方德将公司卖给了世界500强企业之一的伯克希尔·哈撒韦公司（Berkshire Hathaway Cooperation）。在伯克希尔·哈撒韦公司1993年的年报中，巴菲特描述到，戴克斯特鞋类公司是他见过的运营得最好的公司，这也是他购买戴克斯特鞋类公司的股票并决定由阿方德家族担任第二大股东的原因。

之后，阿方德继续管理公司直到2001年戴克斯特鞋类公司被布朗鞋业公司（Brown Shoe Company）收购。

1.追忆“奥特莱斯之父”哈罗德·阿方德

哈罗德·阿方德（见图2-1）在国内的名气，自然不及巴菲特等商业巨头。但他们二人，也不无渊源。1993年，阿方德将他一生的心血戴克斯特鞋类公司出售，其中大部分股权落到巴菲特手中。阿方德的戴克斯特鞋类公司，曾经辉煌一时，并划时代地开创了奥特莱斯业态。另外，值得一提的是，哈罗德·阿方德一直致力于慈善事业，我们向这位“奥特莱斯之父”致以崇高敬意。

图2-1　哈罗德·阿方德

1950年，阿方德36岁之时，他和妻子碧比（同时也是戴克斯特鞋类公司的股东和法律顾问）在缅因州成立了第一个私人基金会，从此致力于慈善事业。

卖掉戴克斯特鞋类公司之后，阿方德和妻子碧比便全身心地投入慈善事业之中。1996年，阿方德创办了戴克斯特有限公司，来管理家族资产、慈善事业以及相关商业事宜。不久之后，阿方德创建了贝尔格莱德湖高尔夫俱乐部。2009年，该俱乐部被《高尔夫文摘》评为缅因州最好的高尔夫俱乐部。阿方德是一名出色的运动员，他相信体育会给年轻人提供宝贵的个人成长机会。因此，阿方德为各大院校提供了很多慈善捐款，以建设完善学校的体育设施。至今，有超过30个大学、运动场、医疗保健中心和社区都是以阿方德命名的。阿方德基金会的资助项目包括为缅因大学、科尔比学院、哈森大学等教育机构提供奖学金。自1950年以来，有超过600名学生获得阿方德奖学金。

哈罗德·阿方德从事慈善事业着重于协同合作和参与社区活动。最具代表性的例子就是阿方德青年中心（Alfond Youth Center），该中心占地面积72000平方英尺，包含青年基督会、儿童群益会和户外市政联营。社区工作者也会一起努力筹集必要的资金，这笔资金和阿方德基金会提供的金额差不多。通过共同努力，社区所取得的成就远非任何一个单一的个体所能及。至今，已有超过5000名儿童和成百上千的家庭受惠于这些社区。

事实上，阿方德几乎把他所有的身家都捐给了阿方德基金会用于继续支持缅因州的慈善事业。

2007年末，在阿方德人生最后一段时间，他把全部心思都放在慈善事业上。第一，阿方德为缅因州奥古斯塔市的缅因州综合医院捐赠了一所癌症医疗中心，之后这所癌症医疗中心决定以阿方德的名字命名。缅因州综合医院占地面积59000平方英尺，其中哈罗德·阿方德癌症医疗中心为病人提供了最好的设施、最先进的技术，旨在帮助人们摆脱病魔。第二，建设哈罗德·阿方德大学。阿方德建设大学的目的就是给更多的孩子提供上学的机会。他经常提醒他的朋友和家人，他有很多工作要做，希望他的朋友和家人能将这些工作“至少持续到我死后十年”。

2.阿方德语录

“无论你可以给予这个世界什么，你都需要去做，去帮助别人，让他们过上更好的生活。我一直都喜欢帮助别人，就像我也经常获得别人的帮助一样。年轻的时候，如果我没有那些奖学金，我就可能不会有今天这样的成就。我想我只是跟随前人的步伐而已。我想保证每个人，尤其是孩子们，可以有更好的机会在这个世界上活着，让他们获得更好的教育，这是我回报社会的一种方式。”

二、零售式奥特莱斯雏形

1970年，Vanity Fair（全球最大的上市成衣公司之一VF集团的前身）在宾夕法尼亚州的雷丁市开设了第一家多店铺的奥特莱斯，即VF Outlet Center，其可以算是现在美国奥特莱斯的雏形。

时任VF集团董事长的M. O. Lee，建议在某个周六办一场公开的临时特卖会，以清除伯克希尔·哈撒韦公司的库存。对于此次特卖会，VF集团并未做广告，全靠口口相传，一个月后特卖会当天，所有的商品全部售罄。特卖会当天非常忙碌，以至于M. O. Lee要亲自上阵帮忙装袋和收银。

高兴和惊讶于销售的成功，M. O. Lee决定在两周后用VF集团的其他货源办一场更大的特卖会。这场特卖会同样取得了巨大的成功，而VF集团正式启动了VF Outlet项目计划，并于1970年在宾夕法尼亚州的雷丁市开设了占地面积450000平方英尺的VF Outlet Center。

至今，VF集团旗下共有60家品牌折扣店，以集合店形式开设在大型奥特莱斯中或在商业街区独立开设。

三、奥特莱斯的演变

1. 工厂店出现（20世纪70年代至80年代）

对于追求资金周转率和成本控制的制造业企业来说，大量的积压库存是运营大忌，既难以回笼资金，又增加仓储成本。服装、时尚业季节性强，潮流改变迅速，两三个月的销售不利就会导致商品积压一年甚至几年，因此要重视对库存的管理。如何在把积压的库存产品迅速卖出的同时不给正价商品的销售带来太大的负面影响，是令品牌商头疼的问题。显然在正价店销售处理品是不可取的，品牌商需要独立的店面销售这些处理品，并且成本费用越低越好，后来他们成功想出了在工厂内销售处理品的方法。好处：①零租金；②零物流成本；③销售环节零仓储成本；④不影响正价店销售；⑤在工厂的基础上适当进行装修即可。这种以清仓甩货为目的的工厂店，装修简单，几乎不讲究陈列，仅按照商品的类别堆放，一些喜欢名牌又想低价购买的顾客，愿意长途开车到工厂直销店去购买他们喜欢的品牌商品。

2. 工厂店集中化以及直销购物中心出现（20世纪80年代至90年代末期）

由于工厂直销店的迅速发展，在工厂直销店购买商品的顾客越来越多，一些工厂便把直销店开在一起，逐步形成了具有购物中心性质的工厂直销购物中心，这就是奥特莱斯的雏形。那时的奥特莱斯一般都是真正的工厂直销，大多远离城市中心（一般距离城市中心100～150公里），功能单一，产品种类有限。尽管品牌的名气和低廉的价格得到众多消费者的认可，但是销售额和客流量始终无法和传统百货店相抗衡。

3. 奥特莱斯成熟期（20世纪90年代后期至今）

由于有了开发商的参与，奥特莱斯开始作为一种独立的商业业态出现，并逐步占据了相当大的市场份额。这一阶段，奥特莱斯的性质发生了实质性的变化，根本原因就是商业地产开发商的介入。以前各自独立经营的工厂店被整合在一起，以统一的管理、统一的形象出现在大众面前。过去作为经营主体的品牌商，变成了奥特莱斯这一全新经营模式的供货商。商业地产开发商则为品牌商带来了先进的商业管理理念和方法、更优越的硬件条件、便捷高效的物流系统。整合后的奥特莱斯成为新的经营主体，有效地取长补短，将更加贴近现代人的消费理念。奥特莱斯不断发扬光大，知名度和竞争力逐年提高，从过去单一的折扣商店发展成为工厂、品牌所有者、代理商、批发商甚至是大型百货店共同参与的商业体，功能更加齐全，实现了休闲、购物一体化，更加注重购物环境并且更加便捷。

第三章
奥特莱斯在国外的发展

一、奥特莱斯在美国

（一）美国奥特莱斯概况

20世纪，美国经济由五六十年代的高速发展陷入70年代的滞胀困境，经济波动和频繁变动的货币政策导致服装生产商和以传统百货为代表的零售商积压了大量库存，为奥特莱斯提供了发展机会。在此背景下，哈罗德·阿方德和VF集团的创新推动了奥特莱斯的出现和发展。八九十年代，美国奥特莱斯进入快速发展阶段，1997年达到了325家。随后，美国奥特莱斯在经历高速发展后走向集中，奥特莱斯数量减少，但是经营面积仍保持增长，行业进入“优胜劣汰”阶段，见表3-1。

美国奥特莱斯虽然在数量上有所减少，但是从可租赁面积上来看，远没有进入衰退期。在行业总可租赁面积缩小的情况下，美国奥特莱斯可租赁面积反而逐年增加。这反映出奥特莱斯已经从外延化的数量型扩张转向内涵式的规模性发展。

美国现有222家奥特莱斯，主要分布在东海岸（见表3-2）。

表3-1　部分年份美国奥特莱斯数量和可租赁面积变化

年份	数量/家	总可租赁面积/百万平方英尺
1988	142	18.3
1989	183	22.4
1990	222	28.1
1991	249	32.1
1992	275	35.1
1993	294	39.3
1994	311	44.4
1995	324	50.7
1996	329	54.5
1997	325	55.4
1998	293	55.0
1999	284	56.2
2000	278	57.7
2001	261	55.3
2002	230	54.1
2003	225	54.9
2009	216	58.6
2010	179	67.5
2011	185	70.9
2012	185	74.3
2013	193	77.5

资料来源：根据Value Retail News整理。

表3-2　奥特莱斯在美国的分布情况

所在地	奥特莱斯数量/家
阿肯色州	1
艾奥瓦州	2
北卡罗来纳州	7
宾夕法尼亚州	10
波多黎各自治邦	3
得克萨斯州	16
俄亥俄州	5
俄克拉何马州	1
俄勒冈州	5
弗吉尼亚州	4
佛罗里达州	20
佛蒙特州	1
关岛	1
华盛顿州	5
加利福尼亚州	30
堪萨斯州	2
康涅狄格州	3
科罗拉多州	4
肯塔基州	1
路易斯安那州	3
马里兰州	6
马萨诸塞州	4
密苏里州	4
密西西比州	3
密歇根州	6
缅因州	3
明尼苏达州	4
南卡罗来纳州	7
内布拉斯加州	1
内华达州	5
纽约州	9
特拉华州	1
田纳西州	3
威斯康星州	5
夏威夷州	2
新罕布什尔州	2
新墨西哥州	1
新泽西州	6
亚拉巴马州	2
亚利桑那州	6
伊利诺伊州	3
印第安纳州	3
犹他州	3
佐治亚州	9

（二）美国奥特莱斯行业标杆

经过40多年的发展，美国奥特莱斯的运作方式已经非常成熟。通常由商业地产商选址并进行设计和建设，然后通过招商、招租的形式把物业租赁给百货公司、品牌代理商或者品牌制造商。也就是说，在美国的奥特莱斯中，商业地产商作为经营商来讲，与商业地产商相比是有截然不同的分工的。换言之，商业地产商是奥特莱斯的发起者和管理者，品牌经营商是经营者。商业地产商负责所有产业的经营和管理，而零售则由品牌经营商自主负责。

1.西蒙地产集团

西蒙地产集团（简称“西蒙”）的前身是创立于1959年的一家小型地产开发企业MSA（Melvin Simon & Associates），西蒙地产集团总部位于美国印第安纳州的首府印第安纳波利斯，是美国最大的从事商业地产投资、开发及管理的公司。1993年，西蒙在纽约证券交易所上市（代码：SPG），是美国证券市场上到目前为止最大的房地产基金IPO（首次公开募股），并拥有北美地区公开发售的最大的不动产投资信托基金（Real Estate Investment Trusts，REITs）。1996年，西蒙地产集团与另一个家族地产商德巴托罗（De Bartolo）公司合并，成为美国最大的商业房地产投资商、发展商，几乎没有挑战者可以撼动其地位。合并后西蒙的市值是美国第二大商业房地产投资商、发展商GGP地产公司（General Growth Properties）的近2倍，2004年收购美国切尔西公司（Chelsea Property Group）。

过去40年，西蒙地产集团开创和引领着商业地产模式的发展方向，目前有5类成熟的商业地产运营模式：社区生活中心、区域性的购物中心、折扣奥特莱斯中心、大都会Mills购物中心以及国际性地产项目。

2000年以后，美国奥特莱斯行业集中度也达到了很高的水平，以西蒙地产集团为首的商业集团通过兼并、收购垄断了行业大部分项目（见表3-3），当前西蒙地产集团持有美国奥特莱斯行业40%以上的项目，且在亚洲的日本、韩国和马来西亚奥特莱斯行业中占据主导地位。

表3-3　西蒙地产集团收（并）购奥特莱斯事件

年份	收（并）购对象	并购后持有股权比例	收（并）购价	对当年经营业绩影响	备注
2004	Chelsea物业集团	100%	5200万美元	2004年总收入增加172.5百万美元	全资收购Chelsea物业集团，一跃成为全球最大的奥特莱斯开发商
2007	与Farallon共同收购米尔斯公司，获取其旗下的The Mills业态大都会购物中心	50%	650万美元	贡献近3亿美元收入	其中9家The Mills购物中心涵盖奥特莱斯业态
2010	成功全资收购Prime Retail（美国著名的奥特莱斯商场开发商之一）旗下21家奥特莱斯商场	100%	23亿美元	贡献近66百万美元收入	所有被收购的Prime Outlets都会被冠名Premium Outlets
2013	入股McArthur Glen集团（欧洲高端奥特莱斯Designer Outlets开发商）	50%	5亿美元	—	获得McArthurGlen集团旗下5家Designer Outlets所有权

（1）**名牌折扣购物中心（Premium Outlets）**

Premium Outlets总部位于美国新泽西州，是西蒙地产集团旗下全资附属公司。

Premium Outlets是全球最大的高档连锁折扣购物中心。旗下的购物中心遍布纽约、洛杉矶、奥兰多、拉斯维加斯等美国主要的旅游热门城市及地区，为全球游客提供各种价廉物美的货品。因为Premium Outlets是由厂家直销，所以可以保证购物中心每天都会提供25%～65%的折扣。

Premium Outlets提倡一种“精彩购物（shop brilliantly）”的精神，致力为每一位顾客提供完善的服务和特别的购物体验。Premium Outlets旗下的购物中心云集了全球首屈一指的设计师及优质品牌，例如Gucci、Fendi、Chloé等。这里还提供非常多的贴心服务，包括资讯服务、多语言服务、婴儿车租用、轮椅借用、自助售货服务等。

每家Premium Outlets都配备有中文导购，给中国游客提供详细的讲解及其他服务，并设置外币兑换处，在中国的传统节日春节，还会邀请中国游客一起穿上唐装庆祝。

Premium Outlets在全球有89家，分布的国家包括美国（66家）、加拿大（3家）、日本（10家）、韩国（5家）、泰国（1家）、墨西哥（2家）、马来西亚（2家）。

（2）The Mills

作为全球最大的商业地产运营商，西蒙地产集团的发展历程和零售平台为其他国家的运营商提供了绝佳的参考模板，其中，The Mills业态真正将“零售+娱乐”的作用发挥到了极致。

① The Mills 的历史。

说到The Mills的历史，无法绕开一家公司，那就是在20世纪90年代叱咤美国商业地产界的米尔斯公司（The Mills Corporation）。米尔斯公司曾是美国一家上市房地产投资信托公司，于1985年成立，1994年上市。该公司旗下有18家州际地标性购物中心，命名为The Mills，这些购物中心通常配备着一个拥有10～30个影厅的大型电影院，一个（有些为两个）美食广场，有着或现代或抽象的建筑风格。此外，这家公司还持有20家地区性购物中心。1996年，米尔斯公司在洛杉矶附近开发了第一个The Mills项目，即如今的安大略米尔斯购物中心（Ontario Mills），此后以每年开发一到两个项目的速度进行版图扩张。2002年后，米尔斯公司不断通过收购进行资产组合，甚至向欧洲扩张，发展非常迅猛。但是，颓势开始在2004年浮现。这一年，米尔斯公司斥资十几亿美元在新泽西州开发一个重要的游乐购综合体项目，因被各种因素限制，开发进程很缓慢，这使得该公司在财务上承受着很大的压力。最终，由其他开发商接手了这个“烫手山芋”，该项目如今被改造成梅多兰兹美国梦购物中心（American Dream Meadowlands），是美国最大的游乐零售综合体之一。

2005年，米尔斯公司因为严重的财务问题受到美国证券交易监督委员会的调查，这对本就陷入财务危机的米尔斯公司而言是雪上加霜。2007年，西蒙地产集团和Farallon公司以79亿美元收购了米尔斯公司的37处物业，占地面积共418万平方米。5年后，西蒙以15亿美元买下了Farallon公司所持有的米尔斯公司股权，从而完全拥有了这部分物业。那么一个显而易见的问题是，为何西蒙要收购米尔斯公司？关于这次收购，西蒙地产集团CEO戴维·西蒙曾在一份声明中称："米尔斯公司的资产可以在战略上完美地配合我们现有的零售资产。"在选择收购目标的时候，西蒙主要从以下几个方面进行严谨的评估：回报率、增加净资产、增加现金流。一般是评估建筑物本身的价值、土地的价值、现有租约下的市场价值等。现有租约下的市场价值主要是考虑该物业在市场上是否具有竞争优势，这主要通过租金和出租率等指标来衡量。

西蒙收购米尔斯公司的37处物业，主要是为了增加自己的物业类型，优化资产配置。公开资料显示，2000—2003年，西蒙所经营的物业类型相对单一。就2003年西蒙所拥有的246处物业来说，区域性购物中心占70.3%，社区生活中心占27.6%。像名牌折扣购物中心以及大都会购物中心等主流地产零售物业经营模式，西蒙还尚未涉足。因此，为了避免业务模式单一，利润来源缺乏，并且为了可以长期保持其竞争优势地位，西蒙开始重点对物业进行收购。大多数The Mills购物中心被认为是低成本的地产，公众认为它们是廉价的折扣购物中心。收购The Mills并不代表西蒙在战略上向低档物业发展，相反，这是一种战略补充。西蒙一方面改善物业的品质，另一方面进行招商。西蒙自身拥有庞大的品牌资源，鉴于这一优势，越来越多的品牌专卖店经过劝说后进驻了The Mills。而西蒙也在原米尔斯公司的基础上，对这些The Mills项目进行了整合和优化——保留了The Mills的一些重要特征和卖点，并把这些购物中心改善为双向性购物中心，使其高低兼备，传统购物和品牌直销同在，娱乐和购物并行。

②西蒙地产集团 The Mills 业态的特点。

根据西蒙官网，西蒙将The Mills定义为“位于主要的大都会区域、可租赁面积在120万～230万平方英尺（即11.15万～21.37万平方米）之间、综合了传统购物中心、奥特莱斯、大盒子零售商（big box retailer）及娱乐业态的大型购物中心”。

在这里，大盒子零售商是指占地面积巨大、外观是大盒子式的建筑风格、产品陈列总量庞大、以薄利多销为特点的大型零售商，比如宜家、沃尔玛以及美国家居建材巨头家得宝（Home Depot）等。这个定义清晰地说明了The Mills项目的特点。在接受媒体采访时，西蒙地产集团营销副总裁Kelly Mikesell曾表示，“The Mills是一个非常适合举家前往的一站式购物中心，在每一个购物中心我们除了拥有180～400家商铺外，还有多家美食餐馆、乐高探索中心（Legoland Discovery Center）、SEA LIFE（由英国默林娱乐集团打造并运营的世界第一大水族馆连锁品牌），以及世界顶级的游戏娱乐项目Maryland Live等，让游客在购物间隙有机会享受多种休闲体验”。就2016年而言，The Mills的出租率高达98.4%，高于区域购物中心和奥特莱斯，平均租金为51.59美元/平方英尺，平均坪效为565美元/平方英尺。

根据西蒙官网显示的十几个相关项目的具体情况，《奥莱领秀》杂志统计了西蒙The Mills项目情况，从中可以看出The Mills业态主要有以下特点：

一是规模庞大。每个项目都是巨无霸型，建筑面积大，多为几十万平方米，商业面积多为十几万平方米，大多数都是所在州最大的集名品折扣店、餐饮、娱乐于一体的购物目的地。比如，Katy Mills占地面积达263万平方米，拥有9000个停车位，是得克萨斯州南部最大的购物目的地；Ontario Mills占地面积为56万平方米，商业面积超过13万平方米，是加利福尼亚州最大的奥特莱斯及名品购物目的地；位于佛罗里达州的

Sawgrass Mills，商业面积为21万平方米，号称美国最大的奥特莱斯及名品购物目的地。

二是结构封闭。从建筑风格来看，项目多为一层式封闭型室内购物中心，由中央空调控制室温，统一管理，冬暖夏凉，不受气候影响。由于面积庞大，且结构封闭，项目的管理和动线设计难度较大，商场内多为环形结构，分区明确，游客沿着设计的动线一直往前逛即可逛遍，设置的出口数量也多于一般的购物中心或者奥特莱斯。

三是业态复杂。项目的定位为集传统购物、奥特莱斯、餐饮、娱乐、家庭休闲于一体的一站式大型商业综合体，业态比较复杂，由多家大型连锁百货店（比如Neiman Marcus Last Call和Saks Fifth Avenue OFF 5th）、大型品牌工厂直销店、大盒子零售商等充当主力店，主力店之间夹杂着各种品牌店铺，品类上涵盖了男女装、户外运动产品、箱包、鞋子、电子产品、家居建材、数码产品、儿童用品、美容产品等，中间是有着丰富就餐选择的美食广场，配套业态所占的比重大，项目多配以拥有几十个放映厅的IMAX影院、剧院、大型游戏城、真人娱乐城、赛车场、乐高探索中心、海洋馆、蜡像馆等大型文娱项目，有的项目甚至配备了酒店。因此，The Mills不仅适合举家前往购物，也适合那些想寻找轻松惬意的娱乐方式并追求新奇体验的国内外游客，是堪称完美的一站式购物娱乐目的地。

四是店铺繁多。每个项目的零售店铺有180～300家，不仅店铺数量庞大，零售的板块里店铺的类型也非常多样化，比如工厂直销折扣店、品牌折扣店、奢侈品集合店、大型连锁百货店等，甚至包括部分正价店。从品牌层级来说，这些店铺囊括了一线国际名品、美国本土品牌、快时尚品牌等，高、中、低档品牌齐全，达官显贵、社会名流和平民百姓都能在这里找到所需的商品。尽管店铺繁多，但零售板块只占总商业面积的50%～60%，其他为多种类型的配套业态。

五是娱乐性强。几乎每个The Mills项目都配备了多个大型文娱项目，将“零售+娱乐”的作用发挥到了极致，顾客哪怕不购物，仅穿梭在不同的场馆里，也能尽兴地玩上一整天。比如，位于马里兰州的Arundel Mills配备了卡西诺赌城酒店（Live! Casino & Hotel），提供餐饮、游戏、观影等吃喝玩乐一条龙服务的餐饮娱乐连锁店Dave and Buster's，中世纪餐厅剧场（Medieval Times Dinner & Tournament），大型埃及剧院Cinemark Egyptian 24 Theatres，连锁书城Books-A-Million等；位于田纳西州的Opry Mills配备了IMAX影院、杜莎夫人蜡像馆、餐饮娱乐连锁店Dave and Buster's等。

2021年，西蒙地产集团总收入达到51.2亿美元，较2020年增长11%，净收入为22.5亿美元。其中，购物中心和奥特莱斯部分的平均销售额为713美元/平方英尺，出租率达93.4%。拥有和管理着全球232处物业，包括95家购物中心，91家Premium Outlets和唐格奥莱（Tanger Outlets）（总可租赁面积达3605547平方米），6家社区生活中心，14家The Mills，11家MG名品奥特莱斯（Designer Outlets）（总可租赁面积达261615平方米）和15家其他购物中心与奥特莱斯。正是凭借持有的这些物业，西蒙成为北美当之无愧的零售地产之王。

（3）“东西双璧”奥特莱斯

在西蒙地产集团的Premium Outlets中，最著名的是“东西双璧”奥特莱斯：东部的伍德伯里奥特莱斯（Woodbury Common Premium Outlets）和西部的棕榈泉奥特莱斯（Desert Hills Premium Outlets）。

①伍德伯里奥特莱斯。

纽约附近的伍德伯里奥特莱斯（见图3-1），堪称全球奥特莱斯行业的标杆，年销售额超过13亿美元，是西蒙地产集团旗下坪效最高的商场。

伍德伯里奥特莱斯位于纽约以北中央山谷区域，I-87州际高速公路

图3-1　伍德伯里奥特莱斯

沿线，距离纽约市中心54英里，车程约1小时20分钟，临近著名的美国西点军校。在公共交通方面，Grey Line、Short Line和Coach USA等公交巴士线每日从纽约往返，另外，临近Amtrak（美铁）Port Jervis客运线Harriman站，Amtrak周末提供每天一班连接哈里曼（Harriman）和伍德伯里（Woodbury）的火车（上午往，傍晚返），工作日及节假日需要预定出租车接驳。

伍德伯里奥特莱斯于1985年开业，并于1993年和1998年先后两次扩建，目前包含220家品牌店，营业面积大约78500平方米。这里提供了各大知名服装设计师设计的品牌服装和众多国际知名品牌的折扣商品，品牌直销折扣店包括Burberry、Coach、Chloé、Fendi、Gap Outlet、Giorgio Armani、Gucci、J. Crew、Jimmy Choo、Lacoste、Neiman Marcus Last Call、Polo Ralph Lauren、Prada、Saks Fifth Avenue OFF 5th、Tod's、Tory Burch等。

由于购物中心面积过大，功能区划成5个区，指示牌上用不同的颜色表示，包括紫色的Grapevine Court，红色的Red Apple Court，蓝色的

Blue Court，绿色的Evergreen Court以及金黄色的Marigold Court，每个不同颜色的购物区都有标示图，同时有编号辅助，让购物者容易辨识方向，中庭区域则设置为美食广场（不填色）。

伍德伯里奥特莱斯不是按商品的种类来分区，换言之，每一种颜色的购物区，都有时装、鞋子、化妆品、珠宝首饰、手袋皮包、家庭用品、室内装饰品、礼品精品、儿童玩具等。

停车场同时可停泊数千辆汽车，不同颜色的购物区有不同颜色标识的停车场，游客或购物者必须记清楚自己停车的颜色区，否则离开时找寻自己的汽车会有困难。

②棕榈泉奥特莱斯。

棕榈泉奥特莱斯（见图3-2）于1990年7月开业，在营业的30多年的时间里，经过几次扩建后占地面积已经超过了70英亩，总商业面积达6万平方米以上，共有180多个品牌折扣店入驻，目前是美国西部地区最大的户外露天式奥特莱斯。

从洛杉矶市区沿着10号公路往东，驱车行驶将近100英里，路过沙漠

图3-2　棕榈泉奥特莱斯

风景区，在经过一个多小时的舟车劳顿之后，棕榈泉奥特莱斯会出现在眼前，其被群山环抱着，举目四望，周围尽是一望无际的荒漠丘陵。

虽然离市区稍远，但是，无论对于哪个阶层来说，不管是那些没有太多时间一一搜寻市区精品店的洛杉矶上班族、远道而来的国际游客，还是住在比弗利山庄的好莱坞精英，棕榈泉奥特莱斯都是一个绝佳的购物场所，因为在辽阔的美国西部地区，这家奥莱的品牌层级最高，品牌种类也最全。

棕榈泉奥特莱斯覆盖了多个档次的品牌，能够满足不同阶层顾客的需求。第一，顶级奢侈品牌众多，比如Gucci、Burberry、Prada、Bally、Bottega Veneta等；第二，中高端品牌汇聚，高端品牌如Saint Laurent、Fendi、Stuart Weitzman、Tory Burch、Versace、MaxMara等，轻奢品牌如Coach、Michael Kors、Kate Spade等，Jimmy Choo、Tom Ford等设计师品牌的入驻使奥莱的产品更独特，奢侈品百货连锁店Neiman Marcus Last Call和Saks Fifth Avenue OFF 5th作为主力店分据棕榈泉奥特莱斯东西两侧，更不必说其他大大小小的美国本土品牌了，从服装鞋帽到化妆品、护肤品、家居用品、运动产品，品类一应俱全，而且其25%～65%的折扣非常诱人，认真逛起来真得花上一天的时间。

从建筑结构上看，棕榈泉奥特莱斯分为东西两翼，中间设有一条美食街（food court），提供各种各样的南加州特色美食。但从餐饮层面说，饥肠辘辘的顾客并没有太多选择，奥莱里入驻的多是快餐品牌，比如比萨店Blaze Pizza，汉堡店Five Guys Burgers & Fries等，要想吃得更精致就必须去外面觅食。

洛杉矶被当地人戏称为“堵车之城”，当地居民私家车保有量高，道路拥堵是日常生活中难以避免的一环。据西蒙官方统计，棕榈泉奥特莱斯几步之外的10号公路每天的车流量大约为7.7万台次，棕榈泉度假区每年吸引的游客也有350万人次之多。在这种情况下，奥莱里必须有一个设计合理、泊位充足的停车场。棕榈泉奥特莱斯正有着多层次的停车场，在10号公路与奥莱店铺之间，沿着商场的顾客流动线，布满了停车位，不仅区域划分明显，还能给顾客提供各种智能化的泊车服务。棕榈泉奥特莱斯所在的棕榈泉城如其名，是一片沙漠中的绿洲城市。莫伦戈（Morongo）盆地遗迹的研究显示，早在1万年前的石器时代就有人类在棕榈泉附近定居了，当时的居民很早就知道如何使用弓箭、篮子及陶器，这也使得棕榈泉成为西半球最古老的城市之一。棕榈泉度假区最著名的是矿泉、滑雪场、高尔夫球场和路旁摇曳的棕榈树。游客们购物后，可以去附近乘坐棕榈泉高空旋转缆车，体会惊险和刺激，这是世界上最壮观的高空缆车之一。

（4）西蒙地产集团的发展与运营

20世纪30年代美国经历经济大萧条，之后度过了较为漫长的调整时期。1940—1950年伴随经济逐渐恢复，人均国内生产总值（GDP）和人均可支配收入呈现明显增长。

1950—1980年，美国城镇化率从64%迅速攀升到74%，1960—1970年美国人均可支配收入复合平均增长率（CAGR）约为6%，1970—1980年约为9%。城市化发展快速推进加上人均可支配收入复合增速达到历史高点，推动了美国零售消费的蓬勃发展、美国购物中心建造数量的增长和面积的扩大。

西蒙地产集团通过持有塔博曼集团（Taubman Realty Group）80%（非控股）股权获得美国和亚洲24个区域和超级区域的购物中心以及卖场，通过持有克莱皮埃尔（Klépierre）22.4%的股权获得欧洲15个国家的购物中心。

在西蒙地产集团直接持有的美国37个州及波多黎各自治邦的资产中，大部分为Malls（套内面积占比68%），其次是Premium Outlets（套内面积占比18%）。从地理位置分布上来看，根据城市人口划分T1、T2、T3、T4城市，西蒙地产集团直接持有的资产58%位于T1和T2城市。

从出租率上来看，西蒙地产集团直接持有的商业资产2020年平均出租率在90%以上。

西蒙拥有欧洲和亚洲的优质商业资产以及商业开发管理公司，在丰富自身商业产品线的同时完成了全美国的布局。

根据西蒙年报披露的扩张历史，西蒙地产集团在2010年前后完成了美国重要都市圈布局和对Malls、Premium Outlets、The Mills三大类主力商业资产类型的布局，产品类型和地理区位的拓展在20世纪通过收并购的方式快速完成。

2010年以后，西蒙的收并购速度放缓，更加注重整体盘面的稳定以及对优质资产的补充，形成了从“突破量”向“提高质”的转变。

西蒙地产集团的商业资产类型主要分为四大类：Malls、Premium Outlets、The Mills和其他（Lifestyle Centers等）。可将Malls、Premium Outlets、The Mills划拨为公司重点项目，这三类商业资产是公司管理组合中数量最多且收入贡献最多的资产类别。

从管理项目数量上来看，1998年西蒙地产集团完成企业房地产投资者公司（Corporate Property Investors）收购后，总项目数量从1997年的61个跃升到242个，成为美国规模最大的商业资产管理公司。1998—2010年公司大举进行收并购，总项目数量从242个提升到338个。虽然增加重点项目的数量一直以来是西蒙主要的发展目标，但2014年以后西蒙减少了其他资产类别的数量，进一步聚焦重点项目，体现出公司战略由攻转守的变化。

经济危机时期，西蒙发展战略由攻转守。2000年互联网泡沫破灭和2008年金融危机爆发后，西蒙放缓了收并购脚步并加强管理资产。之后，西蒙减少甚至停止了收并购，出售非核心资产盘活现金。

2020年新冠疫情暴发后，西蒙降低了收并购力度，减少资本支出。

从业务模式上来看，西蒙地产集团聚焦高质量的商业资产，通过收并购、开发、资产翻新和拓展、资产运营管理（提升出租率、租金和管理费之间的差距）来实现资产的长期保值和增值。

除此以外，西蒙地产集团延伸上下游产业链，早在20世纪90年代即成立了品牌事业部和商业网络部，前者由集团提供资金孵化优质零售品牌，后者通过打造数字化系统加强对客户和资产的数据分析并加强运营管理。

从收入结构的角度来看，西蒙地产集团的收入主要来自三部分：①租金收入，向租户收取固定或变动（和租户销售额相关）的租金；②管理费用，通常基于管理资产的总收入；③其他收入，提供支付系统服务、市场宣传服务、租户增值服务及出售或出租资产周边地块等。

此外，西蒙通过管理运营提升偿债能力、营运能力和盈利能力等财务指标来提升资产整体的投资回报率，以获得资产增值红利。

2020年，在新冠疫情影响下，西蒙聚焦于翻新项目和即将竣工项目的投资。2020年西蒙翻新投资额超过4亿美元，平均现金回报率8%。

根据西蒙2020年年报，公司翻新项目有了新的思路——百货中心等项目的翻新可以添加公寓、酒店、办公楼等业态作为辅助。2020年西蒙完成多个百货中心项目的翻新，并为市场领先的项目增加了多种业态，例如，在得克萨斯州首府奥斯汀和纽约长岛项目周边增加酒店业态。自2012年以来，西蒙在丰富零售业态方面的翻新改造投资累计超过80亿美元。

（5）西蒙地产集团的经验对中国商业地产管理的启示

近年，伴随着城镇化进程的推进和人均消费水平的提升，中国商业地产迎来快速发展时期。然而在商业管理方面仍良莠不齐，既能够看到购物体验优质的购物中心也能看到经营不善的商业体，且暂时没有出现如西蒙地产集团一般占据霸主地位的商业管理公司。回顾西蒙地产集团的发家史，西蒙地产集团的发展和运营对中国商业地产管理有以下几点启示：

①产品线丰富。西蒙地产集团产品线比较丰富，区域购物中心、大都会零售娱乐店、名品折扣店、社区生活衷心覆盖了从都市核心地段到远郊的购物需求。丰富的产品线一方面可以覆盖多样的消费习惯，另一方面可以降低消费习惯和趋势变化带来的风险。

②成为投、融、管、退全能型选手。商业资产开发周期比住宅长，且会沉淀相当体量的资金。西蒙地产集团得益于REITs的身份，可以灵活地在市场上进行股权融资和债券融资，并用开发的资产做抵押贷款，资金使用灵活。西蒙在发展过程中，灵活调整管理组合，收购优质资产并推出非核心资产，始终保持在管项目的整体优异表现。持有项目期间，公司能够对老旧项目实行翻新和再定位，提升项目的消费体验感和整体经营表现。

③顺势而为扩张与收缩。西蒙地产集团在不同发展阶段的战略焦点随市场变化而变化，早期通过快速拓展建立霸主地位，收获了较有影响力的品牌形象，在与租户合作和吸引客户群体方面均有明显优势。后期公司运营平稳后更加聚焦于核心优质资产，将重点放在精耕细作，提升优质资产的产能上。

④零售品牌和客户两手抓。西蒙地产集团早在1999年就尝试品牌推广和零售品牌合作，以及通过多媒体的方式（建造会员体系、增加购物中心数字化设施设备）来更好地服务客户。商业地产运营中品牌商户和客户之间是双向影响的，既不能只专注于品牌合作而忽略客户消费体验，也不能只专注于客户消费体验而忽略品牌商户的需求。

⑤员工内生培养和激励。商业地产在管理层面上的本质是服务，好的商业管理既服务租户也服务购物者，所以服务者的素质至关重要。西蒙地产集团给不同层级员工提供培训和职业晋升机会，还为核心骨干提供股权激励，既留住了集团重要员工也将员工和集团利益进行有效捆绑，促进员工发挥最大潜能。

但中美两国市场制度不同，商业发展在不同国家有其自身特点。美国城镇化发展和商业地产发展较早，西蒙地产集团的发展历史对我国商业地产有一定的借鉴意义，但并不代表中国优秀的商业管理公司应该如法炮制。

在美国有一种说法，“没有美国REITs，就没有美国商业的今天”。正是靠着REITs，西蒙的业务快速扩张到全国，成就了今天的西蒙地产集团。正是利用REITs，西蒙地产集团得以撬动融资杠杆，通过收并购实现快速扩张，然后以庞大的资产规模来分散风险。REITs是盘活存量资产过程中实现灵活融资的重要工具。中国市场REITs制度的建立和推行仍有不确定性，西蒙的经验仅供奥莱从业者参考，应灵活应用。

（6）西蒙地产集团的造节活动：首届“全美奥莱购物节”亮相

2022年6月11—12日，美国最大的购物中心开发运营商西蒙地产集团在美国的90家Premium Outlets、The Mills和Outlet Marketplace项目中开展了第一届“全美奥莱购物节（National Outlet Shopping Day）”活动。该活动将在每年6月的第二个周末举行，为消费者提供来自流行品牌商的时尚配饰、有额外折扣优惠的家居用品和赠品，Aéropostale Factory Store、Banana Republic Factory Store、Brooks Brothers Factory Store、Columbia Factory Store、Forever 21、Polo Ralph Lauren、Reebok Outlet等大约300个品牌参加了此次活动。另外，西蒙地产集团还额外提供了价值75000美元的大奖，包括一辆VinFast VF 8电动汽车和额度20000美元的购物卡。顾客只需在美国任何一个西蒙奥特莱斯现场的自拍点、促销标识牌前拍摄照片，标记地点并发送到社交媒体上@Vinfast和#NOSDGiveaway即可参加抽奖。

西蒙地产集团首席执行官David Simon，以及Premium Outlets和The Mills业务总裁Gary Duncan，阐释了该活动的举办情况和发展思路。

Simon：这个想法在2019年初就开始酝酿，当时我们还无法将它们完全整合好。我们本打算在2020年做到这一点，但疫情迫使我们取消了计划。所以我们一直在想怎样做这个购物节。

办活动的目的是通过特别促销回馈消费者，同时支持进驻西蒙奥特莱斯的各大品牌。集团打算每年都举办这个购物节，在通胀压力较大的情况下，这来得正是时候。2022年这个活动有300家零售商参加，但我希望2023年会有1000家。我们希望每年都做得比上一年更好。虽然这是西蒙地产集团创造的节日，但欢迎任何想要参与的奥特莱斯加入。

集团对正价业务非常满意。奥特莱斯业务一直非常稳定并且也在增长。集团在主要旅游区都开有奥特莱斯，例如Desert Hills Premium Outlets和Sawgrass Mills，我们开始期待它们再次达到创纪录的销售额，因为如今不仅国内旅游业回归了，国际旅游业也开始复苏了。

Duncan：在2020年早些时候甚至在2021年的大部分时间里我们看到的是，租户没有足够的商品，因为他们有来自亚洲的供应链问题——当然是在服装和鞋类别中。现在这种情况在很大程度上已被消除。如今，虽然人们在花钱，但对花钱的地方持谨慎态度，他们想让钱能花得更值。奥特莱斯将继续成为消费者非常宝贵的资源。目前我们还没有听说过零售商库存大量过剩的消息。我们会与某些确实有这个问题的品牌一起做一些快闪店，但我认为它并不普遍。

2.Tanger集团

1981年，Tanger集团创始人Stanley K. Tanger（1923—2010年），于美国北卡罗来纳州创办了美国第一家真正意义上的奥特莱斯购物中心。这不仅是Tanger集团光明前途的开始，更是在整个美国的百货、零售界掀起轩然大波。

现任总裁Steven B. Tanger于1986年加入集团核心领导层，继承父亲的衣钵，加速扩张Tanger集团。在Steven B. Tanger的领导下，今天的Tanger集团已在美国25个州开设了近40家奥特莱斯购物中心。

1993年，Tanger集团在纽约证券交易所以REITs形式正式上市（代码SKT）（见图3-3），其亦是成功上市的首个专业奥特莱斯发展商。因此，Tanger集团在1993年再次成为全美焦点。

图3-3　Tanger集团在纽约证券交易所上市

与西蒙地产集团大手笔的收购扩张方式不同，Tanger集团在美国奥特莱斯行业的地位是靠专业经营得来的。也正因如此，Tanger集团成为一个拥有品牌优势的“美国奥莱专业户”，这让业内同行望尘莫及。

在美国商业地产REITs公司中，过去10年里股东回报率最高的是Tanger集团。上市至今，Tanger集团已连续20年保持每股股利正增长，累计分红额相当于初始股价的1.8倍，股价累计涨幅达到360%，年均总回报率在20%以上。尤其是过去10年，Tanger集团股价大幅攀升，成为在2007—2008年的金融海啸冲击下，唯一连续保持股票正回报率的商业地产REITs公司。截至2010年，Tanger集团过去3年、5年、10年的总回报率都是美国商业地产REITs公司中的第一名，分别达到53%、117%和706%。

Tanger集团旗下的奥特莱斯，规模在2.5万～73万平方英尺不等，目标规模是35万平方英尺以上、能容纳90个店面，目标地点是距离市区全价商场或购物中心10英里以上，但又不会太偏远的地方，即距离市区30～40英里且有100万以上人口、家庭平均年收入在65000美元以上，并位于交通枢纽或主干道附近，日车流量55000车次以上的地区。

2011年1月24日，Tanger集团宣布设立10亿美元的房地产投资信托基金，用于在加拿大开发奥特莱斯项目，并称7年之内要在加拿大开设至少15家Tanger Outlets。不久后，西蒙地产集团与Tanger集团就得克萨斯奥特莱斯项目合作一事达成协议：双方将以共同注资形式，投资建设、运营位于得克萨斯州休斯敦南部的Tanger Outlets。这一“强强联合”的高端奥特莱斯商场再次将Tanger集团推向了全球舞台。

Tanger集团的奥莱特色：

（1）微笑招商

通过30年的商业摸索，Tanger集团终于取得了事业上的成功，它们有“资本”去做“高姿态”，但Tanger集团还是面带微笑，热情地为广大有意进驻Tanger Outlets的品牌商们张开了“臂弯”。以下是Tanger集团总结的品牌商加盟的五大理由。

①年客流量高达1.75亿人次。

②在美国25个州，近40家Tanger Outlets展示品牌，扩大影响力。

③渠道直达性：能让商品直接触及亚特兰大、达拉斯、底特律、洛杉矶、新奥尔兰、纽约、圣安东尼奥、匹兹堡等重要区域的消费者。

④Tanger集团官方主页设推广与友情链接。Tanger集团官方主页每月浏览量高达100万次。

⑤消费群体分析：Tanger Outlets的顾客，接近70%是年龄为25～54岁的女性，其中大部分是富裕的高学历职业女性，相比起“一掷千金”，她们更喜爱高性价比商品，乐于“砍价”，享受“砍价”。Banana Republic、Coach、Gap、Old Navy、Polo Ralph Lauren、Tommy Hilfiger等品牌的奥特莱斯折扣店，其时尚的款式与低廉的价钱相结合，对大多数美国女性（甚至是其他国家的女性）具有无法抵挡的吸引力，广受欢迎。

（2）“取之社会，回馈社会”，是Tanger集团的成功之道

作为一家良心企业，社会责任是Tanger集团高度重视的。每一年，集团都会通过位于格林斯博罗的总部做一些慈善举措（如募捐或设立慈善基金），还会制作主题刊物，利用分店渠道宣传慈善事业。Tanger集团相信，自己有责任通过自身影响力令社会更和谐，让民众更好地工作、生活，抚养下一代。Tanger集团与不同的慈善机构合作，并提供各方面赞助。至今，Tanger集团已捐献与募集善款超过800万美元，用于支持全球乳腺癌防治活动、改善贫困儿童生活及学校基础设施。Tanger集团认为，孩子是社会未来的主人翁，是社会最大的财富，教育素质是一个国家发展的关键。因此，Tanger集团在致力于企业发展之余，也致力于帮助全国中小学改善学校软硬件设施、购买学习资料与用品、赞助各种学习活动与游学项目等。

此外，从1994年起，Tanger集团便鼓励合作伙伴及旗下员工支持“粉红丝带”——全球乳腺癌防治活动。通过Tanger集团每年秋季举办的“粉红丝带”活动，Tanger集团及旗下品牌供应商、消费者至今已总共募得超过900万美元捐款。捐款通过以集团创始人Stanley K. Tanger命名的乳腺癌基金，分别捐献给美国国内20个不同的防乳腺癌慈善组织及医疗机构。此外，每一年，Tanger集团都会在社会贡献领域做出年终总结，评选并表彰一些对社会有重大贡献的警员、消防员、医护人员等。Tanger集团会给被表彰人员发放奖金，用于购置安全设备、医疗设备或用于各种研究项目等。

3.克雷格集团（Craig Realty Group）

克雷格集团成立于 1995 年，总部设于加利福尼亚州纽波特比奇市，创始人是史蒂文·李·克雷格（Steven L. Craig）。和其他房地产商不同的是，克雷格集团不仅仅是土地开发商，还“兼职”奥特莱斯运营商，堪称“一切尽在掌握中”的典范。

自成立以来，克雷格集团就以见贤思齐为目标，致力于开发销售高端精品的奥特莱斯购物中心。十几年来，克雷格集团也确实一步一个脚印地向着目标迈进。虽然在美国奥特莱斯行业内，克雷格集团还很年轻，但是它的努力和实力绝不容小觑。克雷格集团旗下的每一家奥特莱斯都做到了建筑主题化，将购物中心打造成大型庄园或城堡，让顾客在购物的同时沉醉于它迷人的环境之中（见图3-4）。

图3-4 Outlets at Castle Rock

克雷格集团的特色：

专业团队若想以后来者的姿态成功打入奥特莱斯行业，必备的当然还是人才，克雷格集团深谙此道。成立之初，克雷格集团就在房地产行业中四处“撬墙脚”，网罗了一批拥有绝对专业技能的工作人员，并最终依靠强大的团队合作能力获得了成功。

团队的灵魂人物史蒂文·李·克雷格是集团创始人之一，现任集团总裁兼首席执行官。此前史蒂文曾任美国切尔西公司（纽约证券交易所不动产投资信托公司，2004年被西蒙地产集团收购）首席执行官、首席运营官和集团董事。在美国切尔西公司工作多年的实战经验让史蒂文在克雷格集团工作得如鱼得水。克雷格集团的奥特莱斯项目从选址、获得当地政府的授权、建造、融资到运营都由史蒂文一手操办。

克雷格集团的精英都有着多年从事奥特莱斯或者零售行业的丰富经验，他们深知建设奥特莱斯的首要条件就是获得交通以及人流量的支持。所以经过深思熟虑之后，克雷格集团旗下的奥特莱斯在地址的选择上都有很明显的优势：交通——州际公路；人流量——旅游地点。仅这两点就让奥特莱斯成功地吸引了一批知名品牌入驻，如Coach、Ralph Lauren、Guess等，从而保证了奥特莱斯商品的高销量。

另外，克雷格集团旗下的每家奥特莱斯都会积极地参与当地的社区活动和慈善活动，这为奥特莱斯赢得了口碑，也使克雷格集团在开发新项目时无往不利。

4.美国地平线地产集团（Horizon Group Properties，HGP）

美国地平线地产集团是美国五大奥特莱斯集团之一，是一家专业从事奥特莱斯开发、推广和管理的上市公司，在业内极富名望。由第一零售公司与水平线有限公司合并而成，该集团在合并之时拥有行业内最大数量和规模的厂家直销式奥特莱斯。第一零售公司拥有和管理着50多家奥特莱斯，水平线有限公司拥有和管理着13家奥特莱斯，分布在美国各地。集团拥有一批业内顶级的管理和运营精英团队，他们参与了美国超过50%的奥特莱斯项目的开发和运营管理，兼具商业规划、开发、推广和管理等全方位的丰富经验。

HGP的特色：

与其他奥特莱斯开发商不同，HGP不仅本身开发运作奥特莱斯，还为第三方提供开发奥特莱斯所需的一切服务或代其管理运营奥特莱斯。HGP提供的服务包括租赁、管理、运营、清偿债务、提供财务报告、市场推广、处理公共关系、制定战略规划、革新、协调租客关系、兼并、收购、再开发、建筑设计等，以下是HGP列出的为第三方提供的有关招商、管理和推广方面的策略。

（1）招商策略

HGP拥有业内最有经验的招商团队。在每个购物中心他们都会做到以下几点：

①根据市场需要制定绝对有竞争力的可持续性战略，并会提供部分品牌商资源。

②与所有区域和区域当地的品牌商协同合作，打造购物中心的独特性，从而提高销售额和利润。

③跟进招商的全过程，从寻找品牌商、招商谈判、签订合同到购物中心营业全程跟进。

④注意每个小细节，节省每一分钱，实现利润最大化。

（2）管理策略

①在现在的经济趋势之下，拥有经验丰富的管理团队是很重要的，HGP可以担此重任，对整个奥莱项目进行评估和合理化运作，以贯彻实行提高效率和节省成本的方针来提高利润。

②HGP会在每年年末为每家奥特莱斯提供下一年度业务计划和预算。事实上，不光是年度报告，每个月集团都会有月度财务报表。这有利于让每家奥特莱斯的负责人及时获知有价值的信息，从而及时做出市场推广方面的重要决策。

③HGP在兼并、收购方面也有丰富的经验，所有的事情可以全权交给HGP，并且可以保证项目从开始直到管理权移交结束都做得天衣无缝，这意味着每家奥特莱斯的负责人可以以最快的速度使购物中心盈利。

④HGP的管理哲学：

· 确保开发的地产能产生利润。

· 提高购物中心的入驻率。

· 减少运营成本。

· 成为上市公司以吸引更多投资。

· 及时提供有效的财务报告。

· 解决问题。

· 制订和贯彻执行商业计划，使一切尽在掌握中。

（3）市场推广策略

①在确定品牌商和目标客户群的基础之上明确购物中心的市场定位。

②开发交通运输项目，以起到宣传效果，继而提高销售额。

③寻求融资，提高市场占有率，实现利润最大化。

5.AWE Talisman集团

2006年11月2日，美国奥特莱斯行业内空降了一名强有力的竞争对手。当时备受好评的Talisman公司和Arthur Weiner集团强强联合，取名为AWE Talisman集团。合并之后的AWE Talisman集团立刻大展拳脚，在其看来这似乎不仅仅是开发奥特莱斯，而是发展一种艺术，一种可以表现AWE Talisman集团如何发展壮大，为奥特莱斯行业展开崭新篇章的艺术。果不其然，AWE Talisman集团独具慧眼，瞄准“时尚”奥特莱斯这一元素，以自身从事零售业的多年经验和专业的建筑知识为基础，结合高水平的市场营销手段成功地开辟了一片疆土。

拉斯维加斯时尚奥特莱斯（Fashion Outlets of Las Vegas）（见图3-5）位于距离拉斯维加斯市中心35英里处。这个购物中心的地理位置优势非常明显，车水马龙的拉斯维加斯本身就是活招牌。可惜，该购物中心开放时强劲，但后力不足，根本原因是购物中心从一开始就没有找到正确的定位。虽然其地理位置是拉斯维加斯，但实际上却离南边的加利福尼亚州更近，可以说它的主打市场应该是加利福尼亚州而非繁华的拉斯维加斯。另外，该购物中心之前的营销手段也让人不敢苟同，譬如花费成千上万美金在拉斯维加斯所有的计程车灯上打广告。幸而在它倒闭之前，AWE Talisman集团将其纳入麾下，并投入大量人力、物力为其量身打造

图3-5　拉斯维加斯时尚奥特莱斯（一）

市场推广计划。在获得所有权的第一个5年里，AWE Talisman集团就花费了1000万美元对其进行市场重组。拉斯维加斯时尚奥特莱斯也不负众望，终于在加利福尼亚州成为人尽皆知的奥特莱斯购物中心。

AWE Talisman集团的特色：

绝大多数开发商都选择以招商、招租的方式进行市场营销，把购物中心租赁出去，而不愿在市面上直接向经营商出售他们的购物中心，AWE Talisman集团则在这一点上抓住了商机。AWE Talisman集团毫不吝啬地为经营商们提供购物中心，并附赠其独一无二却又无所不包的市场营销计划。AWE Talisman集团在开发奥特莱斯之前都会对同行业、同层次的奥特莱斯进行再三评估，在此基础上建立的奥特莱斯既吸取了同行的经验教训又不缺乏自己的特色。

安·艾克曼（Ann Ackerman），AWE Talisman集团副总裁，市场营销队伍里的元老和灵魂人物。安·艾克曼有超过20年的从事购物中心营销的经验（其中15年都奉献给了奥特莱斯），此前曾任Prime Retail集团副主席。

安·艾克曼带领整个团队，对购物中心周边的交通、购物、旅游和投资环境进行了整合研究，为每一家奥特莱斯量身定做市场营销计划。鉴于中国消费势力的迅速崛起，安·艾克曼也对中国消费者的心理剖析了一番。她研究发现，中国旅客的消费金额高出全球旅客平均消费金额的50%。“我们的营销手段对他们的冲击力非常大。”安·艾克曼说，“中国人有钱并且愿意去花钱，他们懂得品牌也爱高端品牌，这就是中国人喜爱奥特莱斯的原因。”

案例解读

2000年9月11日，AWE Talisman集团收购了拉斯维加斯时尚奥特莱斯。集团主席詹姆斯·施莱辛格（James Schlesinger）和Fashion Outlet品牌意识到该购物中心极度缺乏市场和客源。当时，每天都有租户威胁说要离开，詹姆斯·施莱辛格进一步意识到时间是他现阶段的最大敌人，如果不赶紧制订一系列营销计划，这个奥特莱斯也许就不复存在了。就在如此艰难的情况下，詹姆斯·施莱辛格选择为其制订新的推广方案。事实也证明了詹姆斯·施莱辛格这一决定的重要性，他意识到将之前开发奥特莱斯的方案强行赋予拉斯维加斯时尚奥特莱斯必败无疑，所以他选择走一条艰难但效果显著的道路。

Fashion Outlet成立了专业小组来制订奥特莱斯市场营销计划（团队的每个成员都是从事奥特莱斯市场营销方面的专业人员）。Fashion Outlet就地组成一个团队，为拉斯维加斯时尚奥特莱斯提供奥特莱斯和旅游业的相关经验。计划的下一步就是进行市场调查，而研究显示拉斯维加斯时尚奥特莱斯89%的市场份额都是建立在旅游的基础之上。为此，Fashion Outlet在当地专门聘请了一位旅游主管。

这个举措在当时整个奥特莱斯行业里令人费解。因为当时业内只有极少部分公司聘请了旅游主管，而且旅游部都设立在集团总部，从未有哪家公司只为了一个项目而聘请一个旅游主管。之后，Fashion Outlet做出了一个关键性的决定，那就是5年内斥1000万美元的巨资来投建拉斯维加斯的Fashion Outlet。在那个时候，AWE Talisman集团意识到，Fashion Outlet已经不单单是奥特莱斯的冠名了，它成了一个系列品牌（见图3-6）。

图3-6　拉斯维加斯时尚奥特莱斯（二）

通过对一些具有代表性的客户的全方位剖析，团队有了新的规划，包括制定全新的标识（logo）和广告语。原本奥特莱斯商业广告的典型表现方式就是一个穿着华丽的美丽模特抱着一个购物袋，但是这种方案十分老旧，缺乏创新性，对顾客也没有任何吸引力和冲击力。在“喧嚣”的拉斯维加斯，有太多太多吸引旅客眼球的东西，所以广告必须极具震撼力才能让顾客印象深刻。这里是拉斯维加斯，性感是它的代言词，因此Fashion Outlet以“sexy”为主题策划了一个方案。平面广告上是模特们的大特写，一群美丽的模特脱掉了她们多达75%的衣服，以切合Fashion Outlet的宣传标语——75%off！广告一经推出，立即超过拉斯维加斯五彩斑斓的霓虹灯带给人们的致命吸引力。

成功的策划不但为原来毫无人气的购物中心带来了第二春，提高了销售额，而且让拉斯维加斯时尚奥特莱斯迅速成为拉斯维加斯市场以及世界奥特莱斯行业里的话题中心。这个成功的策划随即得到全美国乃至全世界的广泛关注，再次把拉斯维加斯时尚奥特莱斯引入奥特莱斯商业群中。曾经这个购物中心在行业内毫无声誉，所有人都认为它完全是失败的，但如今行业出版物上刊登着拉斯维加斯时尚奥特莱斯全新的销售保证书和广告，它以高昂的姿态向人们展示着它非凡的新生。

拉斯维加斯时尚奥特莱斯的空缺被各种知名品牌填满了，销售额增加了近一倍，和之前濒临倒闭的购物中心截然相反。直至今日，AWE Talisman集团和Fashion Outlet品牌俨然成为经营商的首选。

和广告相呼应，一个独一无二的、富有难度的营销计划产生了。拉斯维加斯时尚奥特莱斯开设了购物专车，班车站点在米高梅大酒店（MGM Grand，全世界最大的酒店之一，酒店内本身就有不少知名品牌的精品店）。该计划仍在向着更令我们惊讶的方向进行着——拉斯维加斯时尚奥特莱斯还在星球好莱坞酒店奇迹哩购物区（Miracle Mile Shops）和时尚秀广场（Fashion Show Mall）设立班车站点。

6. TJX

T. J. Maxx成立于1976年，其与美国的Marshalls一起组建了Marmaxx，这是美国最大的服装和家居时尚低价零售商。主要面向中产阶级及以上阶层的家庭，产品范围包括轻奢品牌服饰、家居用品、珠宝首饰等，商品售价较正价零售商品折扣率为20%～60%。

TJX（见图3-7、表3-4）前身为1919年成立的新英格兰贸易公司，主要从事女性针织业务，后发展为女装连锁店。1956年公司正式更名为Zayre，从事折扣百货业务，曾拥有仓储零售部门，于1962年在纽约证券交易所上市。首家T. J. Maxx门店于1977年在马萨诸塞州开业，打折销售家居用品及服饰。1987年，Zayre正式成立TJX，旗下业务部门包括T. J. Maxx、Hitor Miss和Chadwick’s of Boston。1989年，Zayre更名为TJX并将下属的仓储会员制业务（BJ’s Wholesale Club和Home Club）剥离，正式确立了家具及服饰品牌折扣零售的商业模式。

图3-7　TJX的品牌logo

表3-4　TJX的基本信息

股票代码	纽约证券交易所：TJX 标准普尔500
行业	零售
创立时间	1956年
总部	弗雷明汉（美国马萨诸塞州）
产品	服装、鞋类、床上用品、家具、珠宝、美容产品、家用器皿
收益	390亿美元（2020年）
员工数量	154000人（2020年）
品牌	T. J. Maxx、HomeGoods、Marshalls

TJX的发展历程：

1977年首家T. J. Maxx门店在马萨诸塞州开业。

1987—1989年更名为TJX，进行重组，剥离仓储会员制业务。

1992年推出HomeGoods。

1995年收购当时美国第二大折扣零售商Marshalls。

2007年进入快速海外扩张阶段，进入德国、波兰和奥地利市场。

2009年抓住次贷危机机遇，扩大供应商数量，引入品牌商。

2012年收购美国低价电商Sierra Trading Post。

2013年推出电商网站http://tjmaxx.com。

2015年收购澳大利亚折扣零售商Trade Secret。

公司经营T. J. Maxx stores、Marshalls stores、Winners Apparel Ltd. stores。Winners Apparel Ltd. stores是一家加拿大的低价家庭服装和家庭时尚连锁店。公司在操作HomeGoods（一家美国低价家庭时尚连锁店）的同时，还运营T.K.Maxx（一家在英国、爱尔兰和荷兰的低价家庭服装和家庭时尚连锁店）。另外，公司还经营A. J. Wright（一家新的美国低价家庭服装和家庭时尚连锁店）。

“内生+外延”双管齐下，形成四大商业部门全球化发展。TJX通过内生孵化加外延并购的方式已经形成四大商业部门：Marmaxx（包括T. J. Maxx、Marshalls）、HomeGoods、TJX加拿大（包括Winners、Marshalls、HomeSense）、TJX欧洲（包括T. K. Maxx、HomeSense）。T. J. Maxx是公司最早的商业形态，HomeGoods、T. K. Maxx和HomeSense这三种商业形态是公司在发展过程中逐步内生孵化而来的，Marshalls（1995年完成收购，当时是全美国仅次于TJX的折扣零售商）、Winners（1990年完成收购，借机打入加拿大折扣零售市场）则是通过外延并购手段并入。截至2020财年，公司已经在美国、加拿大和欧洲及澳洲完成了全球化布局，海外门店数量超25%，营收占比达到23%。2007年TJX以175.164亿美元的营业收入和7.38亿美元的利润额排在世界500强企业第417位。TJX总部设在美国波士顿，在北美地区和许多欧洲国家均开有连锁分店，仅在美国就有2500多家分店。截至2020财年，TJX在全球设立了4529家门店，营收与净利润规模分别达到390亿美元和33亿美元。

7. 罗斯百货（Ross Stores）

罗斯百货（见图3-8、表3-5）是一家标准普尔500强、财富500强和纳斯达克100指数（ROST）公司，总部位于加利福尼亚州普莱森顿，2021财年收入为189亿美元。目前，该公司经营Ross Dress for Less（简称“Ross”），这是美国最大的降价服装和家居时尚连锁店，在美国40个州，哥伦比亚特区和关岛拥有1648家店。Ross可为整个家庭提供一流的当季名牌和设计师服装、配饰、鞋类和家居时装。该公司还在美国21个州经营303家dd’s Discounts商店。

图3-8 罗斯百货的品牌logo

表3-5 罗斯百货的基本信息

股票代码	纳斯达克：ROST 标准普尔500
行业	零售
创立时间	1950年
总部	美国加利福尼亚州普莱森顿
产品	服装、鞋类、床上用品、家具、珠宝、美容用品、家用器皿
收益	189亿美元（2021年）
员工数量	53900人（2021年）

Ross是美国第二大折扣连锁店，店铺一般开在市区，类似大卖场，经营衣服、首饰、鞋子、厨房用品、家具、婴儿杂货等，商品价格比普通的专营店便宜20%～60%。面对的客户群是18～54岁的消费者。

其商品档次比TJX旗下的T. J. Maxx和Marshalls稍低，主要是品牌以及品类不及它们，但在美国也是非常大的综合折扣连锁店，全美国共有1859家门店。

虽然Ross的名牌服装比不上T. J. Maxx和Marshalls，但是精心挑选的礼服是Ross的一大特色，绝对物美价廉。并且Ross和T. J. Maxx、Marshalls相比很大的不同在于，Ross的买手非常出色，礼服全由买手把关，而不像T. J. Maxx和Marshalls仅仅卖过季货品。

8.Big Lots

Big Lots（见图3-9、表3-6）成立于1967年，总部位于俄亥俄州哥伦布市，是一家社区零售商，在美国47个州经营着1500多家商店。

图3-9　Big Lots的品牌logo

表3-6　Big Lots的基本信息

股票代码	纽约证券交易所：BIG
行业	零售
创立时间	1967年
总部	美国俄亥俄州哥伦布市
产品	存货商品
收益	61.5亿美元（2021年）
员工数量	23350人（2021年）

Big Lots所售商品的价格比一般的折扣店还要低20%～30%。在物流管理方面，由于存货品种繁多，品类、数量总在不断变化，这家零售商比绝大多数公司更需要先进的运输管理技术。

Big Lots有3000多家供货商，自己运营着5个区域性配送中心，规模从100万～300万平方英尺不等，分布在美国各地。此外，因为家具是清仓货的重要销售品种，Big Lots还有2处专门的家具配送中心。

Big Lots为2013年美国500强企业排名第466名。

二、奥特莱斯在欧洲

（一）欧洲奥特莱斯概况

欧洲有226家奥特莱斯，主要聚集在英国和意大利，其次是法国和西班牙，俄罗斯是欧洲奥特莱斯的新兴市场，见表3-7。

表3-7　奥特莱斯在欧洲各国的分布情况

国家	奥特莱斯数量/家
英国	36
意大利	25
法国	22
西班牙	20
德国	18
波兰	16
葡萄牙	5
俄罗斯	12

资料来源：《奥莱领秀》2022年统计数据。

20世纪70年代，雨果·博斯（Hugo Boss）在家乡——德国麦琴根Kanalstraße街旁的生产车间内开设了第一家主攻高级定制男装的直销店，这可以称得上是欧洲奥特莱斯的雏形。

经过40余年的发展，当初的雨果博斯厂家直销店早已发展成为汇聚诸多国际时尚品牌的庄园式奥特莱斯——麦琴根名品村（Outletcity Metzingen）。Armani、Burberry、Coach、Diane von Furstenberg、Escada、HUGO BOSS、Jimmy Choo、Max Mara、Michael Kors、Prada、Tod's、Polo Ralph Lauren、Loro Piana、Ermenegildo Zegna等65个品牌纷纷在此落户，麦琴根名品村已成为国际级别的购物场所（见图3-10）。

图3-10　麦琴根名品村的雨果博斯工厂直销店

（二）欧洲奥特莱斯行业标杆

20世纪90年代，奥特莱斯业态在美国如火如荼地发展之时，欧洲奥特莱斯开始起步，并以其特有的优雅、浪漫、精致迅速崛起，最具代表性的是亚瑟格兰集团（McArthurGlen集团，欧洲规模最大的奥特莱斯开发商和运营商，旗下共有21家奥特莱斯）以及唯泰集团（Value Retail集团，旗下九大欧洲精品购物村，以“完美的国际旅游购物圣地”之称闻名于世）。

1.亚瑟格兰集团

亚瑟格兰集团创始人、董事长约瑟夫·瓦拉赫·肯普费尔（J. W. Kaempfer）是一个典型的美国投资客。1993年，见证了美国奥特莱斯蓬勃发展的过程后，他将这个几乎不为欧洲人所知的全新业态带入欧洲市场。1995年，他在英国开设了欧洲第一家MG名品奥特莱斯——柴郡奥克斯MG名品奥特莱斯（Cheshire Oaks Designer Outlet）。即使在最艰难的创业时期，约瑟夫·瓦拉赫·肯普费尔也早与美国一些大型服装公司达成合作。Liz Claiborne、Polo Ralph Lauren、Gap和Levi’s等品牌在美国市场尝到了奥特莱斯的甜头，并在欧洲市场看到机会，率先占领了市场，也成为亚瑟格兰集团长期的骨干合作品牌。

2013年，亚瑟格兰集团成为肯普费尔（Kaempfer）合伙人和西蒙地产集团的合资企业。2020年，逾9000万名顾客光临亚瑟格兰集团旗下跨越10个国家——英国、法国、比利时、荷兰、意大利、德国、奥地利、加拿大、西班牙和希腊的26家MG名品奥特莱斯。

据记载，全世界第一家现代式的多店铺组合的奥特莱斯于1974年在美国开业，自20世纪90年代开始，奥特莱斯业态进入欧洲，并根据当地的风土人情，培育出完全不同于美式奥莱的形态、内容与运营模式。

时至今日，亚瑟格兰集团已成为欧洲奥莱市场上的第一霸主，这意味着，不管在规模还是在业绩上，这家公司都独占鳌头。

（1）精品奥莱购物村在欧洲的兴起

1993年，亚瑟格兰公司成立，两年后在英国曼彻斯特市区附近开设了第一家奥莱，即柴郡奥克斯MG名品奥特莱斯，并首度在欧洲引入了精品奥莱的概念。这个项目总商业面积3.26万平方米，包括145个品牌店铺，1998年时回报率就达到了5.5%（回报率=年租金总额÷物业价值）。

一个项目的成功，离不开一个人的商业理念和兴趣偏好——约瑟夫·瓦拉赫·肯普费尔，他是亚瑟格兰集团创始人，一个毕业于纽约大学的美国人，一个对商场的建筑美学有着不懈追求和研究热情的商业地产人。他的特质在亚瑟格兰的精品奥莱村里得到了充分的发挥，也塑造了欧洲奥特莱斯庄园式的风格，给欧洲的零售业带来了名品折扣购物村这样一个全新形式。

1993年，肯普费尔从美国来到欧洲工作，他的想法很简单：打造一家美式奥莱，能让人们顺着高速公路开车直达商场。只有这样的距离，才能让大品牌的正价店感到足够安全，放心为奥莱提供过季或者下架的商品。但一开始，这种典型的美国模式在欧洲有点“水土不服”。

首先，在欧洲不存在“离市区远”的说法，美国一个郊区项目距离华盛顿特区的距离，同样套用到英国伦敦，选址可能就到了另一家大型百货商场附近，或者另一个城市的市区。

其次，欧洲的国家领导人非常担心欧洲的经济中心会从历史中心城市转移，比如，法国在1997年就对购物中心的建设做出了规定，在欧洲各地取得大型购物中心的建设许可证需要数年，亚瑟格兰集团也一直在为此而努力。比如该公司在法国的首个奥莱项目，行政流程走了3年时间才批下来，下一个法国的项目又花了4年时间。难怪有人说，在美国从事商业地产，黄金定律是“选址，选址，还是选址”，到了欧洲则变成了“政治，政治，还是政治”。

很多欧洲的开发商朋友劝说肯普费尔，“奥莱的概念在欧洲行不通，那些购买优质商品的顾客愿意为高质量商品的高价格买单，不会愿意为了节约点钱就专门跑去郊区的奥莱购物”。曾经有个开发商在巴黎的近郊区开了一家折扣商场，最后还是倒闭了，因为顾客不喜欢那种廉价的购物氛围。因此，要吸引欧洲的消费者，光名品是远远不够的，必须要通过打造独特的建筑风格，在商场中营造一种精致华丽、品质上乘的购物氛围才能获得顾客青睐。

为了实现这一点，亚瑟格兰集团的每个项目都与世界顶尖建筑设计师合作，结合项目当地的历史人文特色，力求在商业与艺术之间达到平衡，并将商场建筑之美发挥到极致：位于伦敦近郊的阿什福德MG名品奥特莱斯（Ashford Designer Outlet）为庄严肃穆的帐篷式结构，展现了英格兰农村的恬静情调；位于意大利米兰的塞拉瓦莱MG名品奥特莱斯（Serravalle Designer Outlet）采用了传统的意大利古里亚建筑风格，极具文化沉淀的厚重之美；位于希腊雅典的雅典MG名品奥特莱斯（Athens Designer Outlet）采用新古典主义风格，双层带房顶的开放式设计折射了雅典花园式奥特莱斯的优雅；位于德国的柏林MG名品奥特莱斯（Berlin Designer Outlet）既有活泼多彩的配色，风格也体现了德国特有的简洁与严谨……

《金融时报》有报道描述，这种单层的、庄园风格的精品奥莱村以30%～70%的折扣销售名牌，在世纪之交时曾被视为风险很高的投资品。但是，在经济衰退期间，渴望品牌货的消费者纷纷抢购打折服装，使奥莱取得非常强劲的业绩，大牌厂家也开始接受处理剩余库存和过季产品的概念。奥莱与品牌的租约比购物中心更短，并与营业额挂钩，这种灵活的租赁方式意味着双方可以快速响应零售市场和顾客需求的变化。

尽管LV、Chanel、Hermes等顶尖奢侈品牌倾向于避开奥莱渠道，但越来越多的奢侈品牌开始试水奥莱渠道，包括Gucci、Armani、

Prada和Burberry等。那些在奥莱渠道里尝到甜头的品牌如Tommy Hilfiger、HUGO BOSS等也热衷于在精品购物村里打造更加高端大气的终端形象，以吸引潜在消费者。为了匹配自身高端优质的品牌形象，亚瑟格兰集团所打造的建筑优美、环境宜人的精品奥莱村，成为他们进驻奥莱渠道的首选场所。

欧洲奥莱如今的庄园式或者说小镇式高雅优美风格，与亚瑟格兰集团的探索与实践密不可分。作为鼻祖，这家公司不仅借此打造了自家奥莱的特色与品牌烙印，更为欧洲市场上的奥莱项目开发打下样板：不谈其他，要在欧洲做奥莱，起码先要过“皮相”这一关，满足欧洲人挑剔的高品位。

（2）云集全球奢侈品和欧洲设计师品牌

如果说，独具美感的建筑风格是亚瑟格兰集团旗下奥莱的“皮相”，那么在品牌组合中占比较大的奢侈品和设计师品牌则是亚瑟格兰集团旗下奥莱的“内涵”。

美国零售业传奇人物、曾担任布鲁明戴尔百货总裁超过20年的马文·特劳布（Marvin Traub）表示，一个连锁企业的奥特莱斯资产组合要取得成功，必须满足五个条件：一是品牌组合必须有吸引力，囊括国际名品与当地品牌；二是必须树立品质标准，保证商场里的所有商品都是可靠的真品；三是以建筑风格和客户服务为消费者营造美好的购物氛围，同时要配得上奢侈品的品牌形象；四是打造一套独特的针对游客群体的营销系统；五是开发商必须亲自运营自己的项目。

他强调，一家奥特莱斯要对全球范围内的消费者产生强烈的吸引力，必须引入国际顶尖的大牌奢侈品。亚瑟格兰集团旗下奥莱的品牌组合正是以较大比例的国际奢侈品及欧洲本土设计师品牌著称，借此每年吸引了大量的国际游客前来购物，奥莱不只辐射了欧洲地区，还成为热门的境外旅游购物目的地。据统计，就该集团位于荷兰的鲁尔蒙德（Roermond）项目而言，共有25个奢侈品牌入驻并开设专卖店，占总店铺数量的14%；就该集团位于意大利的诺文塔（Noventa）项目而言，共有27个奢侈品牌入驻，占总店铺数量的18%。

除奢侈品以外，欧洲本土设计师品牌在组合中占比更大，每个项目所引入的设计师品牌都代表了所在国家的不同设计风格与时尚潮流。比如，意大利的Dsquared2、Agnona和Patrizia Pepe，北欧的Jil Sander、Karl Lagerfeld、Marc Cain等，都深受时尚达人青睐。

根据FSP Retail统计的欧洲最佳奥莱前20名列表，亚瑟格兰集团共有10个项目入选，其中有7个项目定位为“奢华级别”，其余3个定位为“高端级别”。为了匹配顶级奢侈品的形象与地位，并为全球消费者打造美好难忘的购物体验，亚瑟格兰集团的奥莱不仅在建筑风格和商场美陈的打造上独具匠心，在顾客服务的提供上也近乎无微不至。这些服务包括销售人员的多语种支持、停车位、境外退税购物、自动柜员机、刷卡消费、行李存放、免费Wi-Fi、折扣券、轮椅及雨伞租借、宠物专区、母婴室以及餐厅和咖啡吧等。

衡量一家连锁开发商的实力时，他们的“品牌池”里究竟有多少品牌合作伙伴，是一个关键指标。亚瑟格兰集团拥有超过900个品牌的资源，这些品牌商为其在泛欧洲地区的项目拓展提供了有力的支持。

（3）迅速而稳健的扩张之路

亚瑟格兰集团的奥莱版图发源于英国，至今，该公司的总部仍然在英国伦敦。自1995年第一个项目开业以来，亚瑟格兰集团几乎每年或每两年都会进行新项目拓展，通过20多年的积累，逐渐将版图延伸到德国、奥地利、意大利、法国、希腊、荷兰、比利时等，未来还将进入西班牙、加拿大等。

据统计，亚瑟格兰集团的大部分项目是自主开发的，在选址时慎之又慎，选址的标准是历史文化名城或者旅游城市的近郊地带，一般距市区

30公里左右，多位于高速公路出口或机场等交通枢纽附近，不仅辐射欧洲本地的消费者，还能吸引慕名前来旅游的全球游客。比如，意大利的项目选址在佛罗伦萨、罗马、米兰、威尼斯，希腊项目选址在雅典附近，荷兰项目选址在德国与荷兰交界处，尽享地理位置带来的优越性。当拿不到好的地段时，该集团就物色位置优越的项目进行收购。

欧洲各国的商业政策和城市开发规划皆有不同，在此，泛欧洲开发商与大型基金公司或房地产公司进行“强强联合”成为一个普遍的策略，比如Neinver就与房地产基金TIAA Henderson合作进行项目收购。这样不仅可以填补未知市场上的资源空白，还能解决资金缺口的问题。

亚瑟格兰集团也不例外，24个项目里，除了自主开发的之外，还有一部分是与其他公司合作开发或者合作收购而来的，比如与Ares Management合作，斥资20亿欧元收购法国的特鲁瓦及鲁贝项目；与Hutten Holdings合作收购德国的奥赫特鲁普项目；2017年，与美国奥莱霸主西蒙地产集团合作开发法国的普罗旺斯项目与加拿大的温哥华项目。

其实，这家欧洲奥莱霸主的背后，早就有了西蒙地产集团的影子。2013年，西蒙地产集团豪掷56.9亿美元投资亚瑟格兰集团，双方成立合资公司共同进行后续的项目开发与管理，同时，西蒙地产集团在亚瑟格兰集团的6家欧洲项目中参股。

在当年的采访中，肯普费尔坦言，欧洲的每个项目拿地都需要巨额的资金，自家企业资金吃紧，西蒙地产集团能为自己提供金融方面的支持，双方通过资源共享也能创造最大的价值。西蒙地产集团的当家人戴维·西蒙则称，此前许多优质的欧洲品牌不愿进入美国市场，通过这次合作能把更多的欧洲品牌引进美国奥莱。由此可见，欧美市场巨头早就开始“强强联手、横行天下”了。

（4）灵活多样的营销策略

亚瑟格兰集团的营销活动，不仅旨在提升项目的客流和坪效，更是为了向全球消费者传递“Designer Outlet”提供最卓越购物体验的品牌形象与旅游购物目的地的定位，提升自身知名度和美誉度。

但是不同的国家有着不同的文化和消费习惯，作为一个泛欧洲开发商，该集团在市场营销方面一直面临着难题：是采取一套覆盖欧洲的标准化大规模营销计划，还是分散地为不同项目量身打造营销方案？如何平衡标准化的整体计划与各国差异化的市场需求及消费者偏好之间的矛盾？

比如，2007年，该集团以“无罪购物”（Guilt-Free Shopping）为整体标语，聘请知名的时尚摄影师在每个精品购物村取景，拍摄以“无罪购物”为主题的电影广告，打造不同的富于热情且具有时尚魅力的女性形象，以展示不同国家精品奥莱村的设计师品牌服装和配饰的风格、质量及丰富程度，并在英国、法国、荷兰、德国、奥地利等国家的电视上投放。

根据咨询公司的反馈，这个方案有效地提升了部分项目的整体客流和销量，但在法国和意大利这两个典型的天主教国家，由于主题里使用了“内疚”（guilt）这个宗教色彩浓厚的词汇，当地的营销团队认为这个方案并没有达到效果，只不过是一套高级的时装图片和广告的集合。

如今，该集团在营销方面，会先制订整体的周期性推广方案，再根据不同国家的实际情况采取灵活的营销手法，在社交媒体、社区活动引流、消费者互动方面都各有侧重。自2017年以来，亚瑟格兰集团开始与环球唱片公司合作，打造周期性的大型音乐节活动，在每个国家的每个项目里邀请不同的艺术家、音乐家、歌手、乐队前来演出，比如在中国游客占比较大的米兰塞拉瓦莱（Serravalle）MG名品奥特莱斯项目里，邀请华人歌手前来演出互动。

针对供应商这一端，为了扩大自身品牌池的资源，亚瑟格兰集团连续两年赞助国际奢侈品行业峰会，在会场布置大型展台推广自身的品牌形象并扩大市场影响力，以接触更多的设计师品牌，获取合作机会。

不同于唯泰集团和RDM集团将中国作为战略版图的一部分，亚瑟格兰集团无意在中国进行项目拓展，只专注于吸引来欧洲的中国游客。数据显示，2010—2014年，中国顾客为其商场贡献的消费额增加了近7倍。如今，中国消费者在其境外总客流中占1/3，蛋糕足够大，使得该集团非常重视在中国市场的营销。

目前，亚瑟格兰集团在中国主要采用社交媒体进行营销，利用微博、微信等平台发布品牌折扣信息与欧洲旅游攻略等。在两个黄金周和春节等长假期间，那些最受中国顾客欢迎的奥莱会推出特别促销活动，包括提供限量版礼品及额外优惠等。

亚瑟格兰集团旗下奥莱的基本情况见表3-8。

表3-8　亚瑟格兰集团旗下奥莱的基本情况

序号	奥特莱斯名称	地区	开业时间	营业面积/平方米	品牌数量/家
1	阿什福德MG名品奥特莱斯	英国	2000年3月	27965	118
2	布里真德MG名品奥特莱斯		1998年5月	22675	92
3	柴郡奥克斯MG名品奥特莱斯		1995年3月	38000	148
4	东米德兰MG名品奥特莱斯		1998年10月	16400	70
5	约克MG名品奥特莱斯		1998年11月	22700	120
6	斯温顿MG名品奥特莱斯		1997年3月	24430	100
7	西米德兰MG名品奥特莱斯		2021年4月	26500	130
8	塞拉瓦莱MG名品奥特莱斯	意大利	2000年9月	50650	185
9	巴贝里诺MG名品奥特莱斯		2006年3月	26710	123
10	卡斯特罗马诺MG名品奥特莱斯		2003年10月	31200	117
11	诺文塔MG名品奥特莱斯		2008年9月	32000	150
12	拉瑞吉亚MG名品奥特莱斯		2010年2月	31800	157
13	潘多夫MG名品奥特莱斯	奥地利	1998年8月	35900	168
14	萨尔茨堡MG名品奥特莱斯		2009年10月	28000	180
15	鲁贝MG名品奥特莱斯	法国	1999年8月	17350	80
16	特鲁瓦MG名品奥特莱斯		1995年10月	30005	100
17	普罗旺斯MG名品奥特莱斯		2017年4月	25000	120
18	新明斯特MG名品奥特莱斯	德国	2012年9月	27100	140
19	柏林MG名品奥特莱斯		2009年6月	21000	80
20	奥赫特鲁普MG名品奥特莱斯		2012年8月	17350	74
21	雅典MG名品奥特莱斯	希腊	2011年6月	21240	124
22	鲁尔蒙德MG名品奥特莱斯	荷兰	2001年11月	46700	182
23	罗森达尔MG名品奥特莱斯		2006年11月	23700	100
24	马拉加MG名品奥特莱斯	西班牙	2020年2月	17750	93
25	温哥华MG名品奥特莱斯	加拿大	2015年7月	22500	100

虽然已成为欧洲奥莱霸主，但亚瑟格兰集团仍然在努力挖掘着欧洲市场的潜力，2019年仍有3个新项目开业。

“一流的企业做标准”，亚瑟格兰集团通过打造一座座名品奥特莱斯购物村，为欧洲的奥莱行业树立了标准和门槛。20多年的发展之路，也折射出类似朱元璋“高筑墙，广积粮，缓称王”的精明与智慧：高筑墙——打造高标准的名品奥特莱斯，利用产品无形中设置了竞争壁垒；广积粮——广泛积累一切有利于自身发展的资源与合作机遇；缓称王——尊重市场差异，了解自身优势与边界，并不盲目扩张。在中国奥莱大连锁的时代背景下，这些策略与智慧，或能为国内连锁开发商的版图扩张提供一些借鉴。

2.唯泰集团

唯泰集团成立于 1992年， 在全球拥有11家购物村，包括英国伦敦比斯特购物村（Bicester Village）、意大利米兰菲登扎购物村（Fidenza Village）、德国慕尼黑因戈尔施塔特购物村（Ingolstadt Village）、爱尔兰都柏林可尔代尔购物村（Kildare Village）、西班牙巴塞罗那罗卡购物村（La Roca Village）、西班牙马德里拉斯咯扎斯购物村（Las Rozas Village）、法国巴黎河谷购物村（La Vallée Village）、比利时布鲁塞尔马斯梅克林购物村（Maasmechelen Village）、德国法兰克福威尔特海姆购物村（Wertheim Village），以及中国的比斯特苏州购物村和比斯特上海购物村等，基本情况见表3-9。比斯特苏州购物村在开业3年后启动了二期项目的动工仪式。

唯泰集团是目前业内唯一一家专注于精品奥特莱斯购物村开发和运作的公司，“精品”二字，是其唯一性的体现（唯一强调“精品型”的奥特莱斯集群），亦是唯泰集团打造奥特莱斯的宗旨。整合来自世界各地的中高端品牌资源，唯泰集团以独特的营销方式将市场扩张至欧洲的九大主要旅游重点城市，每年吸引无数欧洲当地居民及来自全球的游客造访。

表3-9　唯泰集团旗下奥莱的基本情况

城市	奥特莱斯名称	开业时间	总面积/平方米	店铺数量/家
伦敦	比斯特购物村	1995年4月	21700	超过130
都柏林	可尔代尔购物村	2006年7月	11600	超过55
巴黎	河谷购物村	2000年10月	18200	超过95
马德里	拉斯咯扎斯购物村	2000年6月	17200	超过100
巴塞罗那	罗卡购物村	1998年7月	18900	超过100
米兰	菲登扎购物村	2003年6月	17300	超过100
布鲁塞尔	马斯梅克林购物村	2001年10月	19700	超过75
法兰克福	威尔特海姆购物村	2003年10月	23000	超过110
慕尼黑	因戈尔施塔特购物村	2005年9月	20500	超过110
苏州	比斯特苏州购物村	2014年5月	35000	超过190
上海	比斯特上海购物村	2016年5月	45000	超过190

其中，英国伦敦比斯特购物村的知名度不亚于美国纽约的伍德伯里奥特莱斯。比斯特购物村被誉为“英国最负盛名的购物宝地”，其位置虽然不占任何优势，但仍吸引了来自世界各地的消费者（65%是海外游客），并且在时尚博主和名人中很有名气。

除了拥有Marni、Vivienne Westwood和Gucci这些大名鼎鼎的品牌外，比斯特购物村还有很多独家品牌，比如Superdry、Agent Provocateur、Luella、Smythson等都在比斯特购物村开设了全球范围内唯一的折扣店。

在欧洲奥莱行业的发展历史中，1995年是个值得记录的年份。

这一年，比斯特购物村在英国伦敦近郊开业，亚瑟格兰集团也在英国曼彻斯特市区开设了第一家奥莱村，从此，欧洲零售业开始有了精品奥莱村这一重要的分支业态。

比斯特购物村的母公司唯泰集团，如今靠着蜚声全球的购物村在欧洲市场份额中排名第二，紧随亚瑟格兰集团之后，并在中国上海及苏州开拓了新项目。2018年4月，唯泰集团将旗下11座奥莱统称为“比斯特系列”，旨在重新定义奢侈品购物体验并提供物超所值的服务，新的名称反映了该公司对管理和零售服务的重视。

若以数据衡量，比斯特购物村的成功足够璀璨夺目。以2017年数据为例，英国接待的中国游客达到历史新高——33.7万人次，据统计，其中60%的人造访了比斯特购物村。

经过20多年时光的沉淀，这里已经成为英国最受境外游客欢迎的旅游目的地之一，每年吸引超过600万游客到访。连时尚编辑也热衷于来此购物、撰写攻略，名人的身影也屡见不鲜，英国凯特王妃就曾被拍到来这里给乔治小王子买睡衣。

比斯特购物村的成功，离不开项目的精准定位——以奢侈品折扣购物村为定位，汇聚了超过160家国际奢侈品牌和高端品牌，单论品牌定位的高端与数量，也超过了其他“奢华级别”的奥特莱斯。比如，据统计，比斯特购物村与鲁尔蒙德MG名品奥特莱斯有57个入驻品牌是重合的，仅占它们各自入驻品牌总数量的31%，重合的都是全球最顶尖的奢侈品牌与一线设计师名品，除此之外，比斯特购物村仍然有更多的名品资源，品牌级别以高奢及轻奢居多。

因其主打的是国际游客以及欧洲本地高阶层人士的时尚精奢消费，也难怪在国外某消费者论坛上，有一些英国本地网友称“这里太奢华了”，还有人抱怨说“这里以前有一些城里居民喜欢的品牌，但后来都被挪出去了”。

作为唯泰集团首个项目，比斯特购物村已经发挥了强烈的品牌烙印作用，即集团打造的一站式高端奢侈品折扣购物体验。关于改名，该集团首席执行官斯科特·马尔金（Scott Malkin）曾表示，很多公司想要复制比斯特购物村的成功，而此时集团已经步入了一个新阶段，“我们需要一个更加清晰的自我定义，我们对待客人和品牌有更高的标准，我们正在以不同的方式反思自我，重塑自我”。

（1）高坪效背后的法则

马尔金曾表示，尽管千禧一代的消费者正在逐渐崛起，引领全新的消费潮流，但他们并不是比斯特系列的核心客群，因为“我们这些商品的价格仍然非常高”。

比斯特系列的核心客群年龄在35～50岁之间，他们会精心地打理自己的衣橱，不仅追寻快速发展的时尚趋势，也追求持久的品质以及与更持久的品牌建立关系。最让马尔金引以为豪的数据是，在去过比斯特系列的顾客群体里，85%的人会去品牌店或者多品牌买手店里买正价货品。

唯泰集团旨在成为奢侈品牌的合作伙伴，而非竞争对手。“我们不会令品牌贬值，反而会促进品牌价值的提升，因为我们在两个点上非常严格：一是这些店铺必须非常完美，没有瑕疵，就像在其他购物村里一样受欢迎；二是促销的商品系列必须来自上一季，不接受更久的过季商品。”

追求品质的欧洲人以前看待奥莱的方式是“处理废弃商品的地方，并不真正关注顾客”。而马尔金认为“货真价实就是一切”，过去这句话是对的，如今它的威力只会更加显著，顾客能感受到区别。在正价店体系之外打造一个精品购物的目的地，但仍然在客户服务和品牌形象上支持正价店，是比斯特系列得以成功的关键。

在盈利方式方面，唯泰集团实行联营扣点，分享品牌商的成功，也共同承担风险。公司会密切关注品牌的业绩表现，并为品牌商提供视觉营销、商品陈列、个性化经营服务方面的辅助指导，将坪效表现反馈给品牌商。另外，集团在全球旅游市场布局和探索多年，在针对游客的营销方案方面，也能为品牌商提供有效的支持。

根据唯泰集团前中国首席运营官罗凯睿（Gary M. Rosen）介绍，集团对品牌租约的控制很强，将坪效作为核心关键绩效指标（KPI），每年入驻奥莱的品牌的流转率约为20%，在那些销量没有达到预期的品牌中，表现最差的20%将被终止租约。“在面积有限的情况下，如果要让资产增值，必须提高品牌销量，这就必然会洗牌，让表现优异的品牌搬到更大门店，表现不好的品牌搬到面积更小的门店，甚至撤出。”

在严格的优胜劣汰法则下，交易的效率被有效提高，客单价和坪效得到了保证。

（2）聚焦旅游市场的策略

不同于欧洲赛道上的竞争对手——“带头大哥”亚瑟格兰集团和“黑马”Neinver集团，自2006年后，唯泰集团在欧洲已经多年没有新项目了。

对此，马尔金曾表示：“我们不需要在欧洲建设更多购物村，而是需要驱动已有项目的业绩增长。因为我们是收取扣点，我们需要通过提高旧项目的业绩，不断地开发新项目。我们正在不断地提高提供给顾客和品牌商的价值，并且不断地完善顾客的到店体验。”

自1995年比斯特购物村开业后，唯泰集团不断在欧洲进行项目拓展，在全球游客营销方面投入巨额资金。“我们专注于此已经有10年，如今得到很多益处。2015年以前，去我们欧洲购物村的顾客有8%来自非欧盟国家，2017年，这个比例达到了25%。”

热烈的市场反响，与购物村的选址特点密不可分。比斯特系列的位置具有共性：毗邻大城市或者旅游城市的重点旅游目的地，位于机场、高速公路、火车站等交通枢纽，交通便利，而且周边环境优美。欧洲的九大购物村，都位于各大枢纽城市，如伦敦、米兰、都柏林、巴塞罗那、马德里、巴黎、布鲁塞尔、安特卫普、法兰克福，这些城市每年都会接待数量庞大的国际游客。

为了服务好游客群体，唯泰集团不断将旗下购物村进行扩建或者翻新，并提供更多的服务内容。比如，比斯特购物村进行了多次扩建，目前已经开设至第四期。为了满足中国游客的支付需求，2017年10月，集团开始在欧洲项目里加入了支付宝服务。据统计，在3个月后，中国消费者的消费总额增长了40%，平均每笔交易金额为270欧元。在选择合作伙伴方面，唯泰集团与旅游企业有着紧密的联系，合作方除了旅游运营商及代理商外，还有航空公司、酒店、生活方式及礼宾服务供应商等，共同进行产品套餐的开发和游客营销。

尽管全渠道战略已经在全球零售业里越来越受重视，像Neinver集团就布局了电商业务，但唯泰集团目前并没有电商渠道。马尔金曾说：“我们设线上平台是为了邀请更多顾客来到购物村，并通过线上平台在顾客与品牌商之间传递信息。”他笃信，实体零售在优质体验的打造上拥有电商无法比拟的优势。

（3）向酒店业学习服务细节

值得注意的是，唯泰集团创始人斯科特·马尔金在从事房地产的家庭中长大，他的父亲曾拥有帝国大厦，所以他是实体零售的忠实拥趸。

将布鲁明戴尔百货变成时尚代言者的马文·特劳伯、尼曼百货（Neiman Marcus）的CEO伯特·坦斯基（Burt Tansky）、奢侈品牌诺悠翩雅（Loro Piana）的创始人塞尔吉奥·洛罗·皮亚纳（Sergio Loro Piana）都是他的导师。

在他看来，酒店业一直是唯一一个首先关注客户的行业，从业人员每天都在思考着关于顾客的一切。正如四季酒店的创始人兼董事长伊萨多·夏普的名言：“你的任何一个行为都会令品牌蒙羞或者增光——每一个微小的细节。”

在采访中，马尔金说：“如果你回想一下住长途度假酒店的体验，客户接待、酒店房间、房间的布局，它们都是一致的，有些方面甚至让人惊喜——这就是零售业的艺术，也是我们非常专注的领域。如果我们不持续地重塑自己，我们也无法跟上品牌商的脚步。”

他认为，在一个拥有自动驾驶汽车、高度人工智能化的世界里，人类的作品如果不包含巨大的努力、关怀、关注和激情，是无法被持续传承下去的。技术能够帮助企业赢得效率，传统零售在这方面虽无法超越，但它可以打造一个满足五种感官享受的空间。只有优秀的、个人化的、某种程度上因人而异的购物体验，才会使零售业变得非凡。“我们一直都在思考如何给顾客提供多样化的到店体验，确保顾客的购物之旅是充满乐趣、令人兴奋的，同时也期待能在他们每次造访时都提供一些不一样的东西。”

比斯特系列为顾客提供全套细致贴心的服务，包括欢迎中心、无线网络、多语言向导、贵宾休息室、宠物推车、婴儿盥洗室、代客泊车、雨伞租借、全球邮寄、免提购物及私人司机服务，如今还增加了私人造型师及冥想室等更加人性化的服务项目，打造了差异化的舒适奢华购物体验。

上述项目具有以下几个特点：一是旅游消费特色很鲜明，选址非常讲究，都临近游客目的地，国际游客在整体客群中占有较大比例，在运营中也注重游客营销；二是品牌组合中高端奢侈品牌的占比较大，更注重针对中产及以上阶层的时尚消费；三是商场非常注重对购物环境的打造和精细化的服务，重视为顾客打造美好难忘的购物体验；四是在运营中注重与品牌商建立长期合作的伙伴关系，注重坪效、客流、核心运营数据的收集与监测，并反馈到实际经营管理中；等等。中国奥特莱斯经过20年的发展，经过“跑马圈地”的阶段，已经在“量变”的基础上逐渐开始产生“质变”。在下一阶段，定位差异化、运营精细化、服务人性化等因素将成为运营商在市场中制胜的关键，因此，欧洲奥特莱斯具有许多值得参考学习之处。

3.Neinver集团

欧洲市场上的三家顶尖奥莱开发商，有着截然不同的行事风格。亚瑟格兰集团是欧洲奥莱市场上的第一霸主，自1995年开设第一家奥莱后，以每年或者每两年一家的速度稳扎稳打地拓店，在规模上占据绝对优势。唯泰集团则打造了一套无法复制的精品奥莱模型，在欧洲不思拓店，只是专注于雕琢九大购物村，使项目的业绩和客流量连年保持两位数的增长。与这二者相比，Neinver集团更像是欧洲奥莱赛道上那匹起跑较晚而奋力追逐的黑马。

根据欧洲商业地产咨询企业FSP Retail的统计，2016年，Neinver集团在欧洲的市场份额为5.7%，居于亚瑟格兰集团和唯泰集团之后，是欧洲三大开发商之一，而且是欧洲唯一实施全渠道发展战略的奥特莱斯运营商。Neinver集团成立于1969年，总部位于西班牙，业务包括工业地产、零售、奥特莱斯等板块，涉足从开发、招商到运营管理的全产业链条。主要业务位于西班牙和波兰，并扩张到法国、德国、意大利、荷兰和捷克等国家。尽管业务线多，但该公司的发展和增长主要依赖奥特莱斯领域的专业化运作。

（1）以收购为主的扩张策略

Neinver集团的主要扩张方式是与战略伙伴合作选取有潜力的存量项目进行并购，快速实现面积和数量的增长，在欧洲形成布网式发展。可以说，该公司目前的资产组合里，有70%的项目是通过收购而来的，其合作伙伴多为大型基金企业。

Neinver集团的奥莱业务始于2002年，在波兰，Neinver集团开了第一家工厂直销奥莱，将FACTORY打造成为距离市中心较近的城市奥莱品牌，目前这个品牌旗下共有5个项目，都位于Neinver集团的大本营波兰。随后Neinver集团计划发展The Style Outlets，即精品奥莱品牌，开始在欧洲各国广泛收购存量项目，仅2016年，Neinver集团就与TIAA公司合作一口气收购了6个奥特莱斯项目，总面积接近13万平方米。

根据公开资料，这些项目的共同点是开业时间较早、体量较大、战略位置较好且辐射的区域广泛。比如，茨魏布吕肯时尚奥特莱斯（Zweibrücken The Style Outlets）是德国最大的奥特莱斯，于2001年开业，商业面积接近3万平方米，位于卢森堡、法国、德国三地的交界处，战略位置十分优越。比如位于意大利的维科伦戈时尚奥特莱斯（Vicolungo The Style Outlets），距离米兰附近的马尔彭萨机场仅30分钟车程，多次被国际购物中心协会评为欧洲最好的奥特莱斯项目之一。

通过不断收购，Neinver集团将战略部署由波兰扩大到整个欧洲，不仅形成了规模优势，夯实了自身作为欧洲市场领军者的地位，也通过更多项目与品牌零售商加强合作，触及更多消费者，强化了The Style Outlets品牌的影响力。

（2）发展旅游购物战略

欧洲的奥特莱斯主要依赖于源源不断的游客消费，全球化带来的旅游购物是其主要的增长引擎，争抢游客的停留时间和交易机会是几大开发商竞争的主题。Neinver集团已经公布的未来项目都有一个共同点，即奥莱选址都在机场附近，每个地点每年都要接待数以百万计的游客群体，在商场布局时更加重视餐饮、休闲等配套业态的比例，同时不断完善折扣、退税、礼宾接待服务等细节。

（3）实施全渠道发展战略

自2015年11月起，Neinver集团开始实施全渠道发展战略，实施智能化管理模式。公司研发了一套全方位电子客户关系管理（CRM）系统，同时建立了The Style Outlets电商平台，通过Wi-Fi、App、PC端、实体商场、社交媒体等触点收集线上和线下顾客的数据，建立消费者数据库。这套系统为品牌商与消费者提供了即时沟通的平台，经过几年的调整和升级，形成了B2B2C（就是把供应商、平台、消费者三者紧密联系在一起）商业模式。通过在全渠道购物过程中收集关于顾客的定性和定量信息，Neinver集团能够通过分析客户的行为和消费模式，构建用户画像，有根据地执行自己的顾客忠诚度计划，完善门店服务，并将这些信息与品牌商共享。从某种程度上来说，新零售趋势也在欧洲奥莱行业中初见端倪。Neinver集团试图通过并购在规模上迅速追赶亚瑟格兰集团和唯泰集团，这种策略也取得了应有的效果，但在业绩表现方面，Neinver集团的项目还有进步的空间。

通过整理资料，笔者发现，与唯泰集团和亚瑟格兰集团以高端奢侈品牌和设计师品牌为主的定位不同，Neinver集团旗下的奥特莱斯以小型项目为主，更偏向轻奢和休闲品牌。根据其官网，Timberland、Michael Kors、Furla、Calvin Klein、Tommy Hilfiger、Converse、Samsonite、Lacoste、Guess、Levi’s、Polo Ralph Lauren、Puma、Armani、Swarovski等品牌在Neinver集团的17家奥莱里出现频率最高。考虑与前两家开发商在客单价和平均项目体量方面的差距，Neinver集团以更加具有亲和力的品牌定位和较小的体量跻身于欧洲业绩最佳的奥莱之列，可以说其运营管理水平是优秀的，其官网数据也显示，那些被收购的项目在运营一年后，客流量和年销量大多达到了两位数的增长。

4.VIA Outlets

VIA Outlets成立于2014年，旨在收购欧洲各地的现有直销中心。愿景是创造优质的购物目的地，并为客人和品牌合作伙伴提供一流的购物体验。

其在重组、重塑和再营销战略的指导下，确保高端时尚直销店吸引来自世界各地的客人。通过汇集国际和本地优质品牌的卓越组合，创造了令顾客意想不到的难忘的购物体验，同时也为可持续购物铺平了道路。

VIA Outlets是欧洲领先的高端时尚直销店运营商之一，在9个国家或地区拥有11个中心，在广泛的品牌重塑之后，推出了一个新的企业品牌。新品牌明确了VIA Outlets的品牌宗旨，即重新定义奥特莱斯购物体验，并将其使命和品牌体验重新聚焦于数字化转型和可持续发展，这将与公司的重组、重塑和再营销战略并驾齐驱。品牌重塑还包括公司和中心的新视觉识别和更新的标志，以及更新的品牌承诺“去处”（Going Places），这将影响公司未来的定位。

VIA Outlets能够对市场上可能出现的收购机会做出快速反应。其目前由分布在欧洲的11家资产组成，在267000平方米的GLA中提供超过1100家门店。

（三）欧洲优秀的奥特莱斯项目

1.荷兰鲁尔蒙德MG名品奥特莱斯

荷兰，一个人们印象中总是风车摇曳、田园旖旎的国家，这里有由亚瑟格兰集团打造的位于荷兰南部与德国西北部交界的鲁尔蒙德MG名品奥特莱斯。连大名鼎鼎的法国拉瓦莱购物村和英国比斯特购物村也屈居其后。

项目位于德国、比利时、荷兰三国的交界处，距德国杜塞多夫机场仅40英里，辐射的客群范围广阔，拥有令人咂舌的消费基础。据国际购物中心协会统计，鲁尔蒙德MG名品奥特莱斯在以90分钟车程为半径的区域内共辐射了2.64亿人口，每年吸引的境外游客超过550万人次，其中50%为中国游客。商场折扣范围为30%～70%，非欧盟居民可以申请离境退税服务，5人以上的团体也享有独家优惠。

2.英国比斯特购物村

1995年比斯特购物村成立以后，它迅速成为人们购物和休闲的首选目的地，每年吸引的顾客超过300万人次。作为欧洲九大精品奥特莱斯购物村之首，比斯特购物村亦将“精品”二字诠释得淋漓尽致，并从真正意义上做到了价廉物美。比斯特购物村通过与领先的奢侈品品牌合作，为前几个季度的系列产品提供了二次上架的机会。最精明睿智的时尚猎手可以借此机会购置令人艳羡的各种物品，并从传统奢侈品牌、年轻设计精英作品以及新兴的奢华风格系列中淘到签名款产品，让季节性衣橱焕然一新。在130多家名牌折扣店中，顾客全年都可以以低于建议零售价 60%（每年1月、2月、7月和8月低至两折）的价格买到前几个季度货真价实的系列产品。这些精选出来的欧洲特殊精品屋和国际时尚屋所推出的都是享誉全球的品牌产品，包括 Armani、Alexander McQueen、Gucci、Givenchy、Christian Dior、Burberry、Versace、Prada、Missoni、

Mulberry和Bose等，不胜枚举。除此之外，游客还可以逛临时设立的独特精品店，每次前往都会有让人眼前一亮的系列精选品牌。

（1）**经营优势**

比斯特购物村重新定义了精明消费的艺术。比斯特购物村是Chic Outlet Shopping购物村连锁网络中的“钻石”，也是第一家在欧洲开业的购物村，被誉为“英国最负盛名的购物宝地”，到2011年为止，比斯特购物村已经为懂得精明消费之道的顾客服务了逾16年。在奥特莱斯遍地生花的今天，比斯特购物村能享有盛誉并得到时尚名人的青睐必有其独到之处。

（2）**地理位置**

比斯特购物村位于伦敦牛津郡，这是极受游客喜爱的游览胜地，在国际上被公认为可以全方位体验欧洲文化、生活方式和时尚美食的不可错过的必游目的地。并且其所在区域拥有无与伦比的魅力和文化、政治历史——英国前首相丘吉尔就出生在附近的布莱尼姆宫（Blenheim Palace，即丘吉尔庄园），牛津大学城距离比斯特购物村只有10分钟车程。顾客可以选择在位于乡村地区的米其林二星级餐厅四季农庄餐厅（Le Manoiraux Quat’Saisons）享用午餐，这家餐厅距离比斯特购物村只有15分钟路程。

（3）**设施服务**

比斯特购物村以真诚热情、友善好客而著称，可以提供一整套五星级的服务和设施，因而吸引着最具慧眼的国际游客纷至沓来。全年设有免费停车场、游客信息中心以及提供当地美食的饭馆与咖啡馆。其他服务包括私人购物助理、VIP 套间、让双手解放的购物服务、季节性代客泊车服务，以及贯穿全年的大量艺术与照片展览和独特别致的各类活动，这一切都是为了向顾客提供超越购物的充实体验。

（4）品牌效应

著名的女性内衣品牌Agent Provocateur仅在比斯特购物村开设了全球范围内唯一的一家专卖店，天才手袋设计师安雅·欣德玛奇（Anya Hindmarch）的品牌、新邦德街文具品牌Smythson以及Luella品牌也是如此。地标式的品牌Jimmy Choo、 Burberry与Mulberry都在此有着自己的品牌专卖店。Theory在欧洲的唯一一家专卖店就开设在这里，Alexander McQueen产品的爱好者绝不会放过在这里买打折产品的罕见机会。Pringle of Scotland在拥有丰富创作力的新总裁的领导下面貌焕然一新，时装绅士保罗·史密斯（Paul Smith）用其特有的设计将古典的英国风格呈现在人们的眼前。

（5）交通方式

提供伦敦至比斯特购物村日间豪华巴士服务，沿途分布乘车点，每周运行7天。Chiltern铁道公司有伦敦梅利本区（每20分钟一班）和伯明翰摩尔街（每1小时一班）至比斯特北站的班车服务。比斯特北站有比斯特购物村自己的购物快巴（shopping express），从火车站直接抵达购物村。而从牛津出发至比斯特购物村只需 20 分钟车程，牛津郡提供公共马车日间服务，30 分钟一班，出发点为牛津郡马达兰街（Magdalen Street）伦道夫酒店（Randolph Hotel）。

2021年5月8日，在海南海口举行的首届中国国际消费品博览会上，比斯特系列旗下的9家欧洲购物村与携程正式签署了新一轮战略合作协议，正式成为携程全球购优质合作伙伴，将进一步深化、拓展双方的合作模式。携程全球购执行总裁袁铮铮与欧洲比斯特系列亚洲区战略合作伙伴总监邱炜俊作为双方代表共同出席了此次战略签约仪式。

自2015年携手以来，比斯特系列旗下的9家欧洲购物村已与携程共创累累硕果，在2021年的特殊时期，双方更是取得了瞩目的成果。面对前所未有的严峻考验，双方进行了深入的分析研究，制订了可行的应对方案，最后成功利用精准营销策略，有效触达客群，让欧洲当地的华人宾客掌握比斯特系列的品牌动态。

新一轮战略合作协议中，双方将进一步发挥各自的优势，通过创新合作模式，展开深度合作。双方将延续携程全球购的客户忠诚度项目并将其拓展至携程集团的国际平台Trip.com，致力于触达更多中国以外的宾客，不断扩大双向旅游合作规模。值得一提的是，客户忠诚度项目通过携程全球购平台给予客人消费返现的机制，9家欧洲购物村中的宾客皆可享受固定比例的返现权益，最后通过携程全球购平台直接领取返还的现金。此次与携程国际平台Trip.com的全新合作也是基于此种模式，宾客消费后即可兑换固定比例的积分，用于预定携程国际平台Trip.com上的旅游产品，让宾客在购物的同时享受更多的福利。

携程全球购执行总裁袁铮铮表示：“比斯特系列旗下的9家欧洲购物村堪称我们海外商户的完美合作典范。”他还补充说道：“过去一年，我们双方通过数据分析和研究，共同制订高效的营销计划，并将为携程的其他合作伙伴提供的返现等福利，亦提供给比斯特系列旗下的9家欧洲购物村，带来合作多赢的机会。”

2020年，比斯特系列旗下的9家欧洲购物村不断革新，升级配套服务，围绕安心、省心、放心三大方向，竭力为宾客带来全新的精品购物体验。9家欧洲购物村第一时间推出安心购物指南，通过启用电子排队系统等措施，保证宾客间安全的社交距离；位于慕尼黑的因戈尔施塔特购物村和位于米兰的菲登扎购物村则特地为宾客打造专属VIP空间；巴塞罗那罗卡购物村完美升级，迎来多家时尚和生活方式精品店铺的入驻；都柏林可尔代尔购物村于2021年完成扩建，为来访宾客带来了更加愉悦的旅游购物体验。此外，9家欧洲购物村还特别贴心地推出远程购物服务，方便宾客在线选购心仪的当季新品，享受资深导购人员的专属服务。

3.德国麦琴根名品村

位于德国斯图加特南面约40公里处，有一个叫麦琴根（Metzingen）的小镇，人口只有2万，自19世纪起这里就是一个著名的纺织业中心。

1923年雨果·博斯在此创立了“雨果博斯”（HUGO BOSS）品牌，随着品牌的发展壮大，麦琴根随之闻名遐迩。20世纪70年代，雨果博斯首家大型工厂奥莱店开始营业，直至2002年，雨果·博斯的孙辈在工厂店的基础上建设了麦琴根名品村。从品牌数量和层级上看，麦琴根名品村不如鲁尔蒙德MG名品奥特莱斯丰富，只有90多个品牌，但定位同样是奢华级别，最引人注目的是，这里有着全球最大的雨果博斯工厂店。2017年扩建后，整体可租赁面积为5.55万平方米，品类包括男女装、童装、鞋履、皮包和配饰、腕表和首饰、户外运动产品、化妆品、家居产品、旅行用品、玩具、食品饮料等。据统计，商场每年吸引了350万名顾客，其中40%为非欧盟顾客。

2022年9月20日，麦琴根名品村有限公司（Outletcity Metzingen GmbH）并入其母公司Holy股份公司（Holy AG），并更名为Outletcity股份公司（Outletcity AG）。此前，两家公司在市场上一直独立运营。“此次合并考虑到了‘Outletcity’品牌日益增长的知名度，同时简化了行政流程。”Outletcity股份公司首席财务官迈克尔·亨森林（Michael Henseling）解释道。作为合并的一部分，公司管理委员会自此拥有了首席数字官（CDO）和首席运营官（COO）的职能。管理委员会的最新成员是首席运营官里贾娜·舍尔科普夫-匹纳基迪斯（Regine Schoellkopf-Pinakidis）。她于2012年来到麦琴根名品村担任零售经理，此前她在一家著名的德国时尚品牌公司中担任同一职位，现在是管理委员会的第一位女性，也是最年轻的成员。之前负责线上商店的数字与客户董事总经理的斯蒂芬·霍夫曼（Stefan Hoffmann）将开始担任首席数字官一职。

“在里贾娜·舍尔科普夫-匹纳基迪斯的领导下，我们正在发起代际变革。在新职位上，她将负责现场的运营业务，并将与斯蒂芬·霍夫曼一起分担B2B管理以及营销和客户管理的责任，”Outletcity股份公司首席执行官沃尔夫冈·鲍尔（Wolfgang Bauer）说道，“随着管理委员会的重组，我看到了统一全渠道理念的绝佳机会。凭借这一定位，我们可以在奥特莱斯业务中拥有独特的卖点，甚至在整个零售环境中也是如此。反过来又能更好地促进全渠道网络发展。”

随着名称的改变，公司所有员工搬进雨果博斯广场4号楼，新的办公场所包括办公室、会议区和个人工作空间。公司员工在长时间空间分离后团结在一个屋檐下。

麦琴根名品村在客户服务方面比较人性化，商场提供3500个停车位，还配置了专门的儿童营，让家长可以稍作休息，儿童营里提供爱意满满的儿童看护服务：从富有创意的手工制作到欢乐无比的集体游戏，从妙趣横生的桌上足球再到儿童彩妆和气球造型，不会让小朋友感到无聊，价格也比较便宜，看护服务是每小时2.5欧元。面对穆斯林客人，商场专门打造了一个祷告室，提供祷告地摊、古兰经和单独的盥洗设施，满足他们冥想和安静祷告的需求。 面对那些在穿搭方面力不从心的顾客，商场提供个人专属定制的买手服务，提升顾客的时尚品位并以最便捷的方式为要应对任何一种场合的顾客找到理想装束，时尚买手的收费标准是每人375欧元。此外，还为游客设置了人性化的定位系统，可以简洁快速地导向购物目的地。

4.奥地利维也纳潘多夫MG名品奥特莱斯

与鲁尔蒙德MG名品奥特莱斯一样，亚瑟格兰集团在奥地利维也纳打造的潘多夫MG名品奥特莱斯也拥有优越的选址——商场位于奥地利、匈牙利和斯洛伐克的交界处，距维也纳市区及机场都仅需30分钟车程；从布拉提斯拉瓦出发，经连接维也纳和布达佩斯的A4高速公路也只需25分钟。 潘多夫MG名品奥特莱斯的建筑风格明丽、鲜艳而优雅，外墙上粉刷了不同的颜色，看起来活力十足，承袭了布尔根兰式的建筑风格，并与周边绵延交错的田野、山岭和谐共融。没有驾车的顾客，从维也纳市中心乘坐奥莱的穿梭巴士，或者从维也纳国家歌剧院出发乘坐往返大巴，都可以到达商场。在潘多夫MG名品奥特莱斯的156个品牌中，高端奢侈品牌占比10%，包括Armani、Bally、Burberry、Gucci等大牌。另外，Adidas、Calvin Klein、Columbia、Levi' s等休闲户外运动品牌也比较齐全。

据统计，每年光临潘多夫MG名品奥特莱斯的顾客超过了500万人次。游客服务中心有一个很重要的功能即退税，单店只要购买满75欧元，就可以退12%～15%的税，退税可以直接在游客服务中心办理，也可以到维也纳市中心大教堂附近的Tax Free办理点办理。

5.罗卡购物村

罗卡购物村拥有100多家奢华精品店，提供顶级国际品牌带来的引人入胜的设计师作品，包括一些法国和西班牙顶级品牌，彰显了高端的品牌风格，所有商品的折扣均达建议零售价的60%。罗卡购物村设计灵感源自19世纪的加泰罗尼亚建筑，体现了加泰罗尼亚大都会气息，罗卡购物村的精品店围绕着林荫大道，其间点缀着各种口味的餐厅和咖啡馆。这里的特色餐厅包括拥有阳光露台的传统加泰罗尼亚餐厅Pasarela、以本地美食著称的Andreu、供应顶级国际美食的Café&Té，以及靠近儿童游乐区、便于家庭就餐的Pans Boutique。从巴塞罗那市中心乘坐直达大巴到达罗卡购物村只需40分钟，游客也可以乘坐火车到达格拉诺列尔斯（Granollers），然后搭乘穿梭巴士到达罗卡购物村，或者自驾，所需时间大致相同。罗卡购物村之旅可与巴塞罗那城市周末度假完美结合，世界著名城市景点的热闹与附近布拉瓦海岸的宁静形成强烈对比，吸引了大批游客。

附录：2021年欧洲奥特莱斯业绩报告

附表3-1　2021年欧洲奥特莱斯业绩排行Top20

排名	奥莱名称	国家	运营商	业绩指数
1	罗卡购物村	西班牙	唯泰集团	1.50
2	可尔代尔购物村	爱尔兰	唯泰集团	1.57
3	比斯特购物村	英国	唯泰集团	1.60
4	One Nation巴黎万娜打折村	法国	Catinvest	1.71
4	The Village里昂购物村	法国	Phalsbourg	1.71
6	鲁尔蒙德MG名品奥特莱斯	荷兰	亚瑟格兰集团	1.73
7	普罗旺斯MG名品奥特莱斯	法国	亚瑟格兰集团	1.88
8	柴郡奥克斯MG名品奥特莱斯	英国	亚瑟格兰集团	1.90
8	约克MG名品奥特莱斯	英国	亚瑟格兰集团	1.90
10	麦琴根名品村	德国	Holy 股份公司	1.91
11	柏林MG名品奥特莱斯	德国	亚瑟格兰集团	1.92
12	威尔特海姆购物村	德国	唯泰集团	2.00
12	诺文塔MG名品奥特莱斯	意大利	亚瑟格兰集团	2.00
12	阿什福德MG名品奥特莱斯	英国	亚瑟格兰集团	2.00
12	斯温顿MG名品奥特莱斯	英国	亚瑟格兰集团	2.00
16	Landquart Fashion Outlet	瑞士	VIA Outlets	2.08
17	Zweibrücken Fashion Outlet	德国	VIA Outlets	2.10
18	Designer Outlet Soltau	德国	ROS	2.12
19	特鲁瓦MG名品奥特莱斯	法国	亚瑟格兰集团	2.13
20	卡斯特罗马诺MG名品奥特莱斯	意大利	亚瑟格兰集团	2.14
20	东米德兰MG名品奥特莱斯	英国	亚瑟格兰集团	2.14

1. 前所未有的成绩：唯泰集团包揽前三

奥特莱斯运营商唯泰集团在欧洲奥特莱斯购物中心排名中一直名列前茅。由唯泰集团管理的比斯特购物村2020年就被评选为第一名。并且，这家英国公司在2021年取得了一个非常特别的成就：由单个运营商包揽了冠亚季军。这是自2008年开始每年推出"欧洲奥莱业绩报告"以来第一次。金牌由西班牙巴塞罗那的罗卡购物村夺得；银牌获得者是爱尔兰北部的可尔代尔购物村；比斯特购物村2021年获得了铜牌。三家购物村均由唯泰集团开发和运营。

2. 高营业额证明高租金是合理的

德国商业地产咨询机构ecostra的负责人约阿希姆·威尔（Joachim Will）博士评论道："这确实是一项非常特殊的成就。众所周知，唯泰集团收取的租金是奥特莱斯行业中最高的。同时，接受调查的品牌商也向我们证实，他们的奥莱店在那里获得了最好的回报。显然，尽管租金很高，但在唯泰集团的奥特莱斯开店是值得的。"

附图3-1 可尔代尔购物村

3. 秘密赢家：英格兰西南部的克拉克斯购物村（Clarks Village）

尽管经历着新冠疫情的封锁，欧洲奥特莱斯购物中心的收银机还在隆隆作响。排名并列第四的是两个法国奥莱：里昂附近维勒枫丹的The Village里昂购物村和非常靠近旅游热点凡尔赛宫的One Nation巴黎万娜打折村。The Village里昂购物村在2018年5月开业，是一个相对年轻的购物中心，但它在2020年就已能跻身欧洲顶级奥特莱斯之列。法国研究机构magdus的负责人卡洛琳·拉米（Caroline Lamy）博士说："再次跻身Top20表明，项目开发商Phalsbourg做的很多工作，让The Village里昂购物村继续走在正确的轨道上。该中心的电商平台也取得非常好的销售业绩，租赁策略专注于高端品牌，并已经拥有了突出的品牌组合。"

排名第六至第八的位置由欧洲领先的运营商亚瑟格兰集团占据，分别是鲁尔蒙德、普罗旺斯、柴郡奥克斯和约克的MG名品奥特莱斯。位于英国

附图3-2 克拉克斯购物村

的克拉克斯购物村像是秘密赢家，但由于只有4个租户投票（最少需要5个）未能进入2021年欧洲奥特莱斯业绩排行Top20榜单。

4. 捷克的奥特莱斯排名垫底

然而也有一些项目不太乐观，租户表示非常不满。捷克的摩拉维亚竞技场奥莱（Outlet Arena Morvia）排名垫底。捷克的布拉格机场名品奥莱（Premium Outlet Prague Airport）排在倒数第二，与前一年相比，捷克的奥莱几乎崩溃了。摩拉维亚竞技场奥莱在店铺租赁和确定合适的市场定位方面似乎存在一些问题；布拉格机场名品奥莱主要面临的问题是跨国城市旅游的低迷，在新冠疫情暴发前，稳定的跨国城市旅行客流为机场附近的商业提供了支撑，疫情暴发后情况一度变得糟糕。另外，法国的巴黎牧场（Paddock Paris）被品牌商彻底淘汰，其中的租户都给其评了最差的5分，它也仅因为只有4票而没有进入榜单。

附图3-3 布拉格机场名品奥莱

5. Holy股份公司再次成为最佳运营商

在评估最佳运营商时，使用的标准是租售比及管理和营销的质量。与2020年一样，凭借麦琴根名品村的成功，Holy股份公司再次被各大品牌选为第一名。而唯泰集团也再次被评为应对新冠疫情的最佳运营商。

6. 新冠疫情也在欧洲奥特莱斯市场留下了印记

购物中心一般都有餐饮店，欧洲奥特莱斯在新冠疫情暴发时几乎完全关闭。与疫情前的2019年相比，大约94%的奥特莱斯租户销售额下降，只有6%的品牌的销售额取得了最多25%的增长。约28%的租户营收不到2019年的一半。业主也承担着相应的压力，2021年约64%的租户暂停支付租金，显著高于2020年的57%。但显然品牌和业主仍有可能找到合适的解决方案，因为只有不到8%的租户因拖欠租金而与奥莱发生法律纠纷。

7. 奥特莱斯的盈利能力提升

奥莱店比市中心的正价店更有利可图，这方面多年来从未出现过不同情况。2020年对线上商店重新进行了评估：直到2019年奥特莱斯都显然是品牌最赚钱的销售渠道，随着2020年新冠疫情的大流行，这种情况发生了变化，线上商店的盈利能力略好一些。而在2021年的调查中，这两个分销渠道的盈利能力被评为大致相同，因此，优势似乎在奥特莱斯这一边。

8. 扩张速度正在放缓，德国仍是焦点

奥特莱斯市场的扩张速度有所放缓。接受调查的品牌商平均打算开设2.6家新奥莱门店，而仅关闭0.9家门店。因此可以认为奥特莱斯网络会进一步整合。但相比2018年平均3.7家新店的高峰来说势头明显放缓。在扩展市场时，德国市场是大多数品牌的首选目标，有52%的受访品牌正在德国寻找奥莱空间。然而显然也是由于缺乏合适的场地，这一数字与2020年（约65%）相比已大幅下降。现在各大品牌对将法国、波兰、西班牙和意大利作为目标市场的兴趣大幅增加，所有这些目标市场都是发达的奥特莱斯市场并且有相应的面积供应。

三、奥特莱斯在亚洲

（一）亚洲奥特莱斯概况

1995年日本奥特莱斯——三井奥特莱斯购物城 大阪鹤见开业之后，奥特莱斯在亚洲也开始蓬勃发展，在日本、新加坡、韩国、中国、菲律宾、马来西亚、印度尼西亚等国均有分布，奥特莱斯带给亚洲消费者的不仅是新颖多样的购物休闲方式，更有传统商业无法比拟的优美景观及开放的消费环境。

日本奥特莱斯不仅数量多，而且分布密集，在枥木、静冈、佐贺、北海、千叶、横滨、大阪、长野都有。在日本庞大的奥特莱斯购物中心中，其主力是三菱地所西蒙株式会社和三井不动产株式会社的项目，它们均位于著名的旅游区或者机场附近。

亚洲最知名的奥特莱斯，是日本静冈县的御殿场名牌折扣购物中心（Gotemba Premium Outlets）。御殿场名牌折扣购物中心有着极为独特的地理位置，只需90分钟车程即可到达东京，是大型城市风景旅游区与目的地消费商业中心结合的典范。御殿场名牌折扣购物中心分为两个区域，分列山坳两侧，主要都是一层的北美开放式建筑，在内可一览富士山全貌，街道、树木、草地、座椅、远山等构成一个生活式奥特莱斯（见图3-11）。

图3-11　御殿场名牌折扣购物中心内可眺望富士山风景

韩国和马来西亚都是亚洲奥特莱斯的新兴市场。我国奥莱的发展状况后文将详述，此处不作说明。

（二）亚洲奥特莱斯行业标杆

1.日本

（1）日本奥特莱斯运营商

1993年，奥特莱斯进驻日本市场，迄今为止市场规模已突破5000亿日元，奥特莱斯已发展到39家，其中的2/3归属于2家最大的奥特莱斯开发运营企业——本土企业三井不动产和美国西蒙地产集团与三菱地所集团合资成立的三菱地所西蒙株式会社（简称“三菱地所·西蒙”），分别拥有13家和10家奥特莱斯。

三井不动产是日本最大的综合型开发公司。自1941年创立以来，除支撑日本高度发展的临海开发事业之外，三井不动产还在日本第一栋超高层大楼的开发、东京市中心的大规模再开发事业等各个方面领跑，并不断挑战超大型项目，开创全新时代。三井不动产通过时间的沉淀，以提升价值的方式，推进“逐年优化”，打造富裕美丽的城市。办公大楼、商业设施、酒店、度假村、商品房、租赁房等，所提供的一切都具备“日本品质”。

三井不动产的logo见图3-12。

图3-12　三井不动产的logo

①“&”标志的理念。

“&”标志象征“共生共存”“多元化的价值体系”的理念，在此理念下，三井不动产立志为社会经济发展与地球环境保护做出贡献。

②进步与价值创造。

三井不动产希望通过推进不动产事业活动，给人们带来“新时代的梦想与感动”。

· 汲取并融合多元智慧，在国内外创造新的价值。

· 捕捉社会环境和市场构造等变化，顺应全球化潮流。

③成长性与收益性兼备的三井不动产集团。

三井不动产将充分公正地发挥集团整体的力量，实现“成长性与收益性兼备的三井不动产集团”。

④有关不动产的解决方案与服务革新。

· 带来富裕和情趣，提供魅力无限的空间和服务，促进城市再生。

· 提供丰富而有创新的解决方案，为不动产投资市场的成长做出贡献。

⑤成为顾客的合作伙伴。

· 坚信顾客是商业活动创造、进步与发展的基石。

· 从多方面把握、策划和提供顾客真正需要的东西。

· 作为顾客的合作伙伴，不断获得高度评价，提高品牌价值。

⑥企业价值的提升。

· 追求持续的利润增长，提升企业价值。

· 追求经营资源的最合理利用以及商业活动的革新。

· 一直对风险进行合理管理。

⑦提高个人之力并将其凝聚为集团力量。

· 融合多样性人才、多元化的价值观，培育具有开拓精神和独创性的人才。

· 锻炼个人的专业知识技能，相互交流，提高创造力。

· 在企业伦理、纪律和合规经营方面，保持高度安全意识，遵纪守法。

⑧三井不动产集团商业设施的愿景。

随着生活变得富裕，顾客的追求也从商品到事物，再到心灵不断演变。追求“真正的富裕”，强调“个性”，顾客的想法也趋于多样化，现代商业设施仅靠“外表”，已经不能得到顾客的认可了。

瞄准这种时代潮流，三井不动产集团不单单提供商品，还给顾客提供能度过休闲时光的场所，经常倾听顾客的声音，敏锐捕捉顾客追求的生活方式，努力创造充满新发现和新体验的空间。此外，商业设施不仅提供能最大限度展现店铺魅力的时尚而有亲近感的空间，而且为了给顾客提供最好的服务，一直致力于微笑服务，让顾客感到心情舒畅。

为了给客户提供“高质量而且舒适的商业设施”，三井不动产集团正在开发各种提供新价值的项目工程。目标就是和城市以及居住在这个城市的人们一起成长，最终将自身作为城市的一部分融入人们的生活中，成为给城市带来富裕和情趣的社区。不仅要满足各种需求，还要一起成长，注重心灵的沟通。

⑨三井不动产集团商业设施的理念。

继1981年啦啦宝都东京湾店（位于千叶县船桥市）开业以来，三井不动产集团40多年来不断推出适应时代潮流和满足顾客需求变化的商业设施。

现在，从以“啦啦宝都”为代表的广范围商业圈的“区域性商业设施”，到紧贴地区的“郊外近邻型商业设施”、给城市带来富裕和繁荣的“城市中心型商业设施”、通过对现有商业设施进行改造促进地区活性化的“站前改造开发项目”，以及像置身于主题公园一般能快乐购物的“三井奥特莱斯购物城”，在日本三井不动产集团广泛地建造符合地域、当地社区特点的各种商业设施。

在信息和商品充斥的时代，更多的顾客开始追求双向的交流和能使自己的人生更丰富的场所。公司以这个认识为基础，注重开发充满魅力、能让顾客感受到“自身个性”的商业设施，认真地寻找顾客生活中的各种话题和兴趣（生活解决方案），“不仅提供商品，还提供富裕的时间”。这就是公司所追求的生活解决方案社区。

“生活解决方案社区”没有固定形式。集团通过一一落实顾客给出的意见和建议，发展、完善商业设施。三井不动产集团和入驻各商业设施的商户们一起手拉手，想方设法，成立真正让顾客满意的生活解决方案社区。

三井不动产集团，为了提高人们的生活水平和实现地区繁荣，建成

“生活解决方案社区”，今后也将继续与顾客和入驻的商家共同前进。

⑩三井奥特莱斯购物城。

保持奥特莱斯厂商直销店的购物乐趣、有亲近感的特点，提供更加优质的品牌购物体验。在三井奥特莱斯购物城，生产厂家、正规代理店和概念店等都以顾客比较容易接受的价格，为顾客提供质量一流的商品。

接连不断开业的限期商店和新商店，使顾客每次进入三井奥特莱斯购物城都会有惊喜。不仅精心编制购物路线图，使顾客能在每个角落感受其中的魅力，而且在设施设计上配以娱乐要素，增加逛街的乐趣。另外，还开展各种活动，比如音乐演出等，建设能使顾客“享受一天时光”的三井奥特莱斯购物城。

此外，符合各地区生活方式的空间设计以及召开各种活动是三井奥特莱斯购物城的特点，使其起到一个城市的社区空间的作用。

三井不动产集团开发经营的奥特莱斯品牌为“三井奥特莱斯购物城”。公司于2010年4月22日、7月8日分别在北海道和滋贺县开设了2家新奥特莱斯商城，从而在日本的店铺数增至10家。2012年，位于千叶县木更津市的第11座三井奥特莱斯购物城也开业了。2008财年，该公司旗下的奥特莱斯商城的总营业额达到1597亿日元，是上一年度的1.5倍，2009财年的目标营业额超过1600亿日元。

三菱地所西蒙株式会社经营的是“名牌折扣购物中心”（Premium Outlets）品牌，2009年7月在茨城县阿见町开了日本第8家奥特莱斯。新项目共有104家店铺，首年度的营业目标是140亿日元。此外，该公司计划将神户三田名牌折扣购物中心的面积扩大一倍。2008财年，该公司的店铺出租收入为243亿日元，增幅达14%，2009财年同比增长了11%。

三菱地所西蒙株式会社和三井不动产旗下奥特莱斯概况见表3-10。

三菱地所西蒙株式会社所开发的奥特莱斯，均参照统一的“名牌折扣购物中心”模式，只是在美国“名牌折扣购物中心”的基础上进行了品牌、体量的本土化改造，其余并无不同，在此就不过多赘言，下面主要介绍三井不动产。

三井不动产与奥特莱斯的缘分始于1993年。两年后，三井不动产第一家，也是日本首家奥特莱斯在大阪鹤见开业，现在日本的许多大型奥特莱斯都是参考它建造的，见图3-13。由于它的原址是大阪花博会主场馆，建筑的外观是参考昙花而建造的，建筑屋顶可以敞开，当它敞开的时候从远处望去就如一朵含苞待放的花蕾，而晚上当它关上的时候则变成一朵绽放的昙花。与如今的奥特莱斯相比，它并不显得十分大，但是里面宽敞的空间，依旧让人感到十分舒适。

表3-10　三菱地所西蒙株式会社和三井不动产旗下奥特莱斯概况

开发商	奥莱名称	项目位置	开业时间	店铺数量/家
三菱地所·西蒙	御殿场名牌折扣购物中心	静冈县御殿场市	2000年7月	210
	临空名牌折扣购物中心	大阪府泉佐野市	2000年11月	210
	佐野名牌折扣购物中心	栃木县佐野市	2003年3月	180
	鸟栖名牌折扣购物中心	佐贺县鸟栖市	2004年3月	150
	神户三田名牌折扣购物中心	兵库县神户市	2007年7月	220
	仙台泉名牌折扣购物中心	宫城县仙台市	2008年10月	80
	阿见名牌折扣购物中心	茨城县稻敷郡	2009年7月	150
	酒酒井名牌折扣购物中心	千叶县印幡郡	2013年4月	110
	土岐名牌折扣购物中心	岐阜县土岐市	2005年3月	140
	深谷花园名牌折扣购物中心	埼玉县深谷市	2022年10月	137
三井不动产	三井奥特莱斯购物城 大阪鹤见	大阪府大阪市	1995年3月	62
	三井奥特莱斯购物城 横滨港湾	神奈川县横滨市	1998年9月	80
	三井奥特莱斯购物城 多摩南大泽	东京都八王子市	2000年9月	110
	三井奥特莱斯购物城 幕张	千叶县千叶市	2000年10月	95
	三井奥特莱斯购物城 爵士之梦长岛	三重县桑名市	2002年3月	245
	三井奥特莱斯购物城 玛林匹亚神户	兵库县神户市	2004年10月	133
	三井奥特莱斯购物城 入间	琦玉县入间市	2008年4月	210
	三井奥特莱斯购物城 仙台港	宫城县仙台市	2008年9月	120
	三井奥特莱斯购物城 札幌北广岛	北海道北广岛市	2010年4月	130
	三井奥特莱斯购物城 滋贺龙王	滋贺县蒲生郡	2010年7月	165
	三井奥特莱斯购物城 仓敷	冈山县仓敷市	2011年12月	120
	三井奥特莱斯购物城 木更津	千叶县木更津市	2012年4月	250

图3-13　日本第一家奥特莱斯——三井奥特莱斯购物城大阪鹤见

与西蒙地产集团旗下奥特莱斯一贯借助旅游和机场等大环境优势不同，三井不动产旗下奥特莱斯无一不透露出日本人的精细，在建筑设计、动线设计、环境、品牌组合、服务等方面都透露出人性化的一面。

建筑设计：日本的奥特莱斯基本都遵循着美式奥特莱斯以“室外庭院、廊坊走道式、低层建筑”为主的低容积率建筑规划。其中以全世界统一商业模式的“名牌折扣购物中心”贯彻得最为彻底，三井奥特莱斯购物城则在此基础上融入了日本特有的细腻和童趣。如三井奥特莱斯购物城 木更津以充满木更津特色的港口城市、船舶甲板为主题构思的设计；三井奥特莱斯购物城 玛林匹亚神户以“南欧繁华的港口小镇”为设计理念；三井奥特莱斯购物城 入间的主题是“森林”；三井奥特莱斯购物城横滨港湾因面对日本最大的游艇码头，则干脆以游艇码头为主题（见图3-14）。

动线设计：除了最简单的购物模式，三井奥特莱斯购物城将更多功能及业态融入奥特莱斯设计，通常采取环形封闭型动线，甚至采取更为直白的“8”或“0”型动线，以庭院或美食广场为商业空间中心，其余商业空间环绕展开。步行动线形成环路，具有良好的洄游性，同时具有

（a）三井奥特莱斯购物城 木更津
（b）三井奥特莱斯购物城 玛林匹亚神户
（c）三井奥特莱斯购物城 入间
（d）三井奥特莱斯购物城 横滨港湾

图3-14　三井不动产旗下各主题奥特莱斯

向心性。

环境：公共空间包括广场、中庭、步行街等，可进行聚会、休息、观赏、交往等众多非营利性活动，通过独特的建筑设计，可以创造促进“时间消费”的环境，自然景观提升了商场的观赏性，也吸引了渴望体验自然生活的消费者，这自然而然就带来了消费。因此，三井不动产的奥特莱斯，非常注重檐口、山花、墙转角处、线脚、百叶窗、凸窗、雨篷等细节的设计。并且奥特莱斯内部绿化率极高，几乎见不到裸露的土地，即使偶尔有一个小角落空出来，都会种上一株树或摆上几盆花。

品牌组合：日本奥特莱斯分级明确，御殿场名牌折扣购物中心和三井奥特莱斯购物城 木更津等临近大城市，它们是消费者中游客占到一定比例的高端奥特莱斯。这类奥特莱斯，有一定的一线品牌资源，国际品牌占比过半，且几乎所有店铺都提供退税服务。还有一类则是以阿见名牌折扣购物中心、三井奥特莱斯购物城 横滨港湾等为代表的大众化奥特莱斯。

这类奥特莱斯主要面对本地消费者，安心守着一亩三分地，主要以国际二、三线品牌和日本本土品牌为主，且后者占比六成以上。

服务：不单是日本的奥特莱斯，日本的现代商业建筑都特别重视在设计中体现人性化。人性化服务体现在各个方面：附属设施设备的完善；停车方式的多样化；卫生设备、扶梯电梯、排烟通风装置以及休息座椅、电话亭使用方便；残疾人专用的停车场，厕所、坡道等无障碍设计；专供宠物使用的游乐设施；从停车场开始就随处可见的绿化、休息长椅和遮阳伞；等等。

除了丰富的名牌产品和大折扣外，奥特莱斯也需重视软服务，提升消费者对项目的黏性。如定期举办时尚发布会、现场音乐会以及趣味展览等活动，增强顾客的休闲娱乐体验，提高对消费者的吸引力。

（2）日本特色奥特莱斯危机求变

日本的消费在经过经济泡沫破灭后发生了显著的变化。消费者的消费意识和消费取向发生了极大的改变，个性化、特色化与节约倾向日益明显。日本人是很追求品牌的，特别是对欧美品牌情有独钟。即使是并不特别富有的日本人也会追求欧美的一线品牌。日本人对品牌的执着，一方面练就了对产品质量的鉴定能力，另一方面为倡导节约型品牌消费的奥特莱斯提供了生存条件和发展空间。

传统的日本奥特莱斯购物中心一般开设在郊外并紧邻旅游胜地，或开设在交通枢纽区域，周边很少有住宅、车站、办公楼等，且由多幢建筑风格各异的小楼组成，本身就是一个名副其实的公园，它占地面积广，将旅游观光与购物娱乐融为一体。日本最具有代表性的奥特莱斯是2000年7月在静冈县开业的御殿场名牌折扣购物中心，其于2008年3月进行了第三期扩建，主要面向的群体基本上是自驾出行顾客或者是乘旅游观光车的游客。自2009年3月底日本高速公路费下调之后，切尔西日本公司的业绩出现了稳定的增长。显然，金融危机带来的“钱包危机”使得名牌折扣商品大行其道，消费低迷与高速公路费降低成为奥特莱斯逆势扩张的两大利好因素。但是面对日益趋于商品同质化、业态饱和状态，与周边其他零售业态商城争夺消费群体、价格战更加惨烈的竞争环境，奥特莱斯如何走出一条别样的道路是其面临的巨大难题。2008年10月16日开业的宫城县仙台泉名牌折扣购物中心在选址创新、营销模式创新、购物环境创新变革等方面为我们重新思考和研究奥特莱斯未来持续发展的路径带来了启示，也让零售业在阴霾中看到了一线曙光。

①选址创新——开设在住宅区的奥特莱斯。

仙台泉名牌折扣购物中心突破了原有的奥特莱斯的选址战略，建在了住宅区（居民社区），店铺经营面积为15500平方米。这样的选址，对切尔西日本公司来说是一个巨大的挑战和考验。截至2021年，切尔西日本公司所开发运营的奥特莱斯，其商圈都选定在1000万人口的超大区域内（如御殿场名牌折扣购物中心），最小的区域也有600万人口（如鸟栖名牌折扣购物中心）。也就是严格按照95%的消费者自驾前往，驾车时间在90分钟之内的标准超大商圈选址，并根据消费者的购物心理预测：消费者前往商城购物的频率为年平均光临购物中心4次，或根据季节变换前往购物；折扣品牌具有稀缺性，往返于购物中心之间有相当的距离，无法预测下次来店的时间和机会，所以容易果断出手购买心仪的商品。也就是说如果没有超大范围商圈、足够的消费群体支持，没有顾客机不可失的购物心理支持，那么奥特莱斯是无法持续运营下去的。但是，仙台泉名牌折扣购物中心的商圈范围内只有300万人口。如果此次在社区选址开店成功，那么就意味着今后奥特莱斯这种零售业态将会在中型商圈内被广泛开发，将有更广泛的生存发展前景。

②城市中的“购物花园”——品牌文化与自然景观融合。

仙台泉名牌折扣购物中心提供给消费者的不仅是新颖多样的购物休闲方式，更有传统商业模式无法比拟的优美景观及开放的体验消费的环境。

它仿佛是一个从美国空运而来的小镇，将商业文明、品牌文化与自然景观完美融合，处处充满了创新和惊喜。在城市中心极其珍贵的土地上仅仅奢侈地建造了2层高、洋溢着浓郁美式风情的小楼，顾客置身于这样的景观中，犹如徜徉在异国他乡街头，给人神秘感和新鲜感，让人想要探索奥秘。斑斓的色彩如同跳跃的音符，各大品牌店被精心地分配在各个区域。精雕细琢的细节，街区透明的穹顶，花团锦簇的屋顶花园……和传统的封闭的大型购物中心相比，蓝天白云代替了天花板，自然清风代替了空调管道风，在自然风景中，设计者非常巧妙地设计了风雨无阻的回廊、原汁原味的美式建筑、宽窄适宜的街道，再没有城市中人潮拥挤的逼迫感，为消费者创造出舒适迷人、富有亲和力的开放式购物环境，使消费者仿佛从拥挤的大都市来到了洋溢着浓郁异域风情的小镇，情不自禁地留影拍照，甚至流连忘返。

③与相邻商业设施塔比沃购物中心联动，极大提升了奥特莱斯的价值和消费者光临的频率。

仙台泉名牌折扣购物中心的另一创新亮点是，与相邻的商业设施塔比沃购物中心同时开业，形成互动关系。塔比沃购物中心的开发运营商也是三菱地所（切尔西日本公司的日方出资者），同时开发商还在附近37公顷的土地上开发了可容纳5万人居住的高端住宅区，目前已有居民26000人。为迎合该商圈中顾客多样化的消费需求及对时尚文化、休闲方式的追求，名品折扣店集中的奥特莱斯与生活方式业态的塔比沃购物中心同时开业。塔比沃购物中心为多业态集合，共有81家店铺入驻，其中有高端的世界知名连锁专卖店、引领服饰流行趋势的时装服饰店、家居杂货店；也有集文化、休闲于一体的餐饮店、音像书店，户外旅行和运动用品店；等等。同时，社区内已经成功引进了白百合学园、酒店、图书馆等。仙台泉名牌折扣购物中心基本上没有餐饮设施，不具备满足顾客品尝美食需求的功能，也没有与体育运动相关的商品。而相邻的塔比沃购物中心在功能设计和经营管理上恰恰与仙台泉名牌折扣购物中心互补——塔比沃购物中心既有丰富的餐饮店，又经营大量的运动服饰；停车场共用，且通过停车场可以从塔比沃购物中心自由出入仙台泉名牌折扣购物中心，两个商城之间有回廊连接。另外，为了吸引新老顾客来店购物和提升品牌形象及顾客的忠诚度，塔比沃购物中心每周五都会举办形式多样的大型营销活动，极大地提高了这两个商城的当日销售额。加之高速公路费用的下降，这里吸引了很多住得较远的顾客光临，仙台泉名牌折扣购物中心取得了意想不到的好成绩。

（3）日本特色奥特莱斯

①购物公园式奥特莱斯。

三井奥特莱斯购物城 木更津。

特色：内设有可停放约4300辆汽车的停车场。

开业时间：2012年4月13日。

占地面积：项目整体占地面积约21.5万平方米，其中奥特莱斯一期面积为2.8万平方米，设有171间店铺。

三井奥特莱斯购物城 木更津位于东京湾跨海公路木更津金田出入口附近，那里正是从日本首都圈前往木更津时的正门口。项目以“半岛城市度假”为理念，创造能够感受大海和绿意的空间，距离东京市中心有40～50分钟的车程，推出了全新的度假区购物方式。

商城内分为3个区域，风景多种多样。充满海滨度假风格的“海岸广场”和明亮的全天候型繁华大道“主街道”等场所，营造了一种休闲、热闹的气氛，宛如一座城市。

商城充分利用约21.5万平方米的土地，仅建造一层建筑，给人一望无际的开放感和平坦没有起伏的舒适感。这里的特点是可一边享受购物的乐趣，一边以度假心情自由漫步。

三井奥特莱斯购物城 木更津除能购物外，还能享受美食和参加各种有趣的活动。

- 拥有约650个席位的全天候型美食广场汇集了日本各地的人气美食。美食广场屋顶的“海洋展望露台”景致超群。晴天时还可以眺望东京晴空塔和富士山。
- 拥有16洞高尔夫球场，极受男性顾客欢迎。
- 以儿童为对象的广场共有2处。设有能进行喷水表演的波普喷泉广场以及儿童公园。
- 有众多顾客汇集的“主街道”是盖有长约90米大规模帐篷屋顶的室外全天候型大道。同时设有活动舞台，用于举行盛大的活动。

②旅游地产型奥特莱斯。

A.三井奥特莱斯购物城 玛林匹亚神户。

特色：商城内可眺望世界第一悬索桥“明石海峡大桥”的绝美景色。

坐落于海边的三井奥特莱斯购物城 玛林匹亚神户，靠近明石海峡，是日本西部最大的奥特莱斯，拥有无敌海景饭店。它以充满朝气的南方小镇为主题，以南欧海滨小镇为背景，融入明亮且有开放感的教会及各种不同概念的酒店。尤其让人惊喜的是，在三井奥特莱斯购物城 玛林匹亚神户可以眺望世界第一悬索桥“明石海峡大桥”的绝美景色，还可以望见濑户内海对面的淡路岛。除了在海边散步之外，还能品尝世界各地的美食，每周末这里还会举办户外活动，因此除了购物外，在这里还能享受到许许多多的乐趣。它将购物、观光、美食融合在一起，成为神户十分引人注目的人气旅游景点。

B.御殿场名牌折扣购物中心。

特色：在购物中心内可一览富士山全貌，富士山、箱根温泉、河口湖这些旅游名胜也近在咫尺；拥有日本唯一一家尼康相机奥特莱斯直营专卖店。

御殿场名牌折扣购物中心距离东京市中心有90分钟车程，东京、箱根、静冈都有巴士连接此地。

整个商城分为两个区域，分列山坳两侧，都是一层的欧式建筑，林立着210家销售Armani、Bottega Veneta、Bvlgari、Chloe、 Gucci、Jil Sander、Jimmy Choo、Prada、Tod’s、Valentino等国外名牌商品的商店。顾客能在此感受北美城市街道风情，并可尽情地体验购物乐趣。从商城内的摩天轮上遥望壮美的富士山也是一种享受。

风光秀美的御殿场拥有自然河道，可将旅游观光和购物休闲相互结合，能够有效延长顾客停留时间。

③社区式奥特莱斯。

仙台泉名牌折扣购物中心。

特色：是一家开设在住宅区的奥特莱斯，与购物中心连在一起，双方优势互补。

仙台泉名牌折扣购物中心建在了住宅区（居民社区），项目经营面积为1.55万平方米，项目本身基本没有餐饮设施，不具备满足顾客就餐需求的功能，也没有与体育运动相关的商品，但与相邻的塔比沃购物中心在功能设计和经营管理上形成优势互补。

④传统型奥特莱斯。

A.三井奥特莱斯购物城 大阪鹤见。

特色：日本较早开业的奥特莱斯，外形似花苞，极具特色。

开业时间：1995年3月。

建筑面积：18950平方米。

店铺数量：62家。

简介：三井奥特莱斯购物城 大阪鹤见是日本较早开业的奥特莱斯，现在日本许多大型奥特莱斯都是参考它而建造的。每周五是其特价日，不用等待过季的精品，如今百货商店正在热卖的商品，三井奥特莱斯购物城 大阪鹤见都有提供。

B.三井奥特莱斯购物城 爵士之梦长岛。

特点：店铺总数达到245家，规模位居日本全国首位。

开业时间：2002年3月。

建筑面积：44000平方米。

店铺数量：245家。

简介：三井奥特莱斯购物城 爵士之梦长岛距离东海道新干线名古屋站和中部国际机场约有40分钟的车程，距离伊势神宫约有90分钟的车程，并且邻近三重县桑名市的大型娱乐场所——长岛SPA乐园。

这里云集了国外著名奢侈品品牌、国内外人气个性生活馆、时尚儿童服饰、男用和女用皮革制品、小件商品、体育用品及户外用品等，是一家经营品种繁多，兼具旅游和购物乐趣的奥特莱斯购物城。

此外，还设有供顾客购物途中小憩的免费休息场所，口味正宗的甜品和有现场演奏的咖啡屋。旁边还有长岛温泉及酒店设施，是可以玩上一整天的休闲佳地。每年会为中国赴日游客举办各种嘉年华活动。

C.三井奥特莱斯购物城 入间。

特色：环境优美，整个项目实现了约2万平方米的绿地面积。

开业时间：2008年4月。

建筑面积：99000平方米。

店铺数量：210家。

简介：入间市是茶田众多、绿意盎然的城市。三井奥特莱斯购物城入间的主题是“森林”。通过创造能够感受大自然气息的空间和艺术作品力争与周围环境相协调。

用地内配置了种植有榉树和樱花树等树木的公园，在宽阔的天然草坪上可度过惬意的时光。购物广场内也有很多绿色植物，整个项目配置了约2万平方米的绿地。并且，配置以树叶和树桩为主题的长椅、动物题材作品等，通过把三井奥特莱斯购物城 入间的规模升华为广阔的“森林”，创造出舒适的购物空间。

D.三井奥特莱斯购物城 幕张。

特色：以“都会中的花园”为概念建成的一座“绿意盎然的花园”，主体分为两部分；以运动用品、户外休闲用品、轻便牛仔服饰为主；商场旁还开有法国家乐福、美国好市多，形成临近幕张国际展览馆的便利商圈。

开业时间：2000年10月。

店铺数量：约95家。

简介：幕张是成田机场和东京的中间点，被规划成新都心（幕张新城区）。这边有大型国际展馆以及办公商业区，三井奥特莱斯购物城 幕张的出口就在日本旅客铁道（JR）海滨幕张站出口的右手边，从东京站乘坐京叶线，大约18分钟即可到达。地铁直通2层人形天桥，离迪士尼的舞滨也只有6站。地上、地下共配有1400个停车位，坐公交、坐地铁、自驾都非常方便。

三井奥特莱斯购物城 幕张的建筑与中国的商业建筑有很大的差异。其只有上下2层，并由人行天桥贯穿其中，自动电梯等配置有20处之多，整个建筑四通八达。每个店铺都配有非常清楚的路线指示导向牌，方便人群流动，1层和2层的租金相同，使经营价值最大化。

立体的建筑配有立体的业态，三井奥特莱斯购物城 幕张对消费需求的研究很透彻，针对性很强，不仅集聚了高端奢侈品牌及美食广场，还尝试建构了大型菜市场等居家休闲区域。特殊的业态组合吸引了周边的人群，并放大了传统的奥特莱斯业态。严格的业态要求很重要，三井奥特莱斯购物城 幕张每年控制业态调整不超过10%。人流动线与业态经营都是其成功的关键。

附录：2021年度日本奥特莱斯营业情况

附表3-2 2021年度日本奥特莱斯销售额排行榜

排名	项目名称	运营商	销售额/亿元人民币	营业面积/万平方米
1	御殿场名牌折扣购物中心	三菱地所·西蒙	47.21	6.10
2	三井奥特莱斯购物城 木更津	三井不动产	31.92	4.58
3	三井奥特莱斯购物城 爵士之梦长岛	三井不动产	29.40	4.57
4	神户三田名牌折扣购物中心	三菱地所·西蒙	28.93	4.22
5	轻井泽王子购物广场	西武地产	24.65	4.27
6	佐野名牌折扣购物中心	三菱地所·西蒙	22.11	3.73
7	临空名牌折扣购物中心	三菱地所·西蒙	18.23	5.01
8	三井奥特莱斯购物城 入间	三井不动产	17.64	3.20
9	Grandberry Park	东急	17.28	5.10
10	三井奥特莱斯购物城 滋贺龙王	三井不动产	16.34	3.70
11	鸟栖名牌折扣购物中心	三菱地所·西蒙	15.70	3.18
12	酒酒井名牌折扣购物中心	三菱地所·西蒙	15.64	2.18
13	土岐名牌折扣购物中心	三菱地所·西蒙	14.23	3.52
14	三井奥特莱斯购物城 横滨港湾	三井不动产	12.58	2.65
15	三井奥特莱斯购物城 札幌北广岛	三井不动产	10.58	3.00
16	三井奥特莱斯购物城 幕张	三井不动产	9.82	2.27
17	三井奥特莱斯购物城 多摩南大泽	三井不动产	8.82	2.11
18	阿见名牌折扣购物中心	三菱地所·西蒙	8.29	3.07
19	福冈海购城奥特莱斯	FJ Entertainment Works	8.05	4.80
20	三井奥特莱斯购物城 玛林匹亚神户	三井不动产	6.82	2.28
21	三井奥特莱斯购物城 仙台港	三井不动产	5.76	2.00
22	三井奥特莱斯购物城 仓敷	三井不动产	5.70	2.00
23	三井奥特莱斯购物城 北陆小矢部	三井不动产	5.53	2.60
24	三井奥特莱斯购物城 大阪鹤见	三井不动产	3.06	0.94
25	仙台泉名牌折扣购物中心	三菱地所·西蒙	2.76	1.53

注：销售额由2021年平均汇率合算。其中三菱地所·西蒙2020年未公布数据，这次是重新回到排行榜中。永旺集团未发布销售额。大阪南港ATC Town Outlet MARE、千岁奥特莱斯商城Rera、冲绳平价精品购物城ASHIBINAA、八岳度假村奥特莱斯、那须花园奥特莱斯等单体项目的数据没有公开。

2.韩国

在韩国，奥特莱斯并非集中在首尔中心区域，在首尔这样人口密集、寸土寸金的地方，自然不会首选建设大型奥特莱斯。韩国的奥特莱斯主要集中在衿川、安山、坡州、骊州等地区。而在距离首尔最近的衿川，因为地缘优势，成为奥特莱斯分布最多的区域，不同的奥特莱斯聚集在同一个区域形成了规模效应，虽有竞争却又相互依存，每一家奥特莱斯看起来都经营良好。这在当下的中国是不可想象的事情，但是随着奥特莱斯业态在中国的不断发展，同一城市中奥特莱斯的数量不断增加，集群式奥特莱斯的出现或许真的已经不远了。

因此，衿川这种独具特色的奥特莱斯集群模式是颇有研究价值和借鉴意义的。

谈到衿川奥莱集群，需要重点介绍的是马里奥奥特莱斯、现代奥特莱斯加山店和W-MALL三家大型奥特莱斯。它们基本上占据整个街区，集群式分布在十字路口最繁华的地段。同一个区域三家大型奥莱毗邻，周围还密集分布众多小型奥莱，在整个韩国，甚至全球，这样聚集的奥莱业态都可谓话题性十足。

（1）韩国奥特莱斯运营商

①新世界·西蒙。

提到韩国，人们会不知不觉联想到首尔三清洞各式各样的特色小店，充满创意与文化氛围的街区，人潮汹涌的明洞，又或是绿意盎然的青瓦台和秋季枫叶秀丽带来凉爽惬意的景福宫。同样，在这个时尚与自然交织的地方，还有韩国著名的三大奥特莱斯——以欧式风情著称的坡州名牌折扣购物中心、以韩国奥莱之美式风情著称的骊州名牌折扣购物中心以及拥有希腊爱琴海浪漫风格的釜山名牌折扣购物中心。这三大项目以包罗万象的时尚潮品、别具风情的建筑设计及浪漫的游玩景点、丰富的茶饮休闲娱乐彰显着韩国年轻、精致的一面。从世界名品到韩国国内的人气品牌，除了提供低价购买品牌的超值体验之外，这三大奥特莱斯从外观的欧美风情、毗邻的丰富旅游资源，到内部的各种精彩看点、茶饮休闲娱乐等展现出其逛不尽的乐趣，同时它们也有另一个共通点：均出自新世界·西蒙集团。

说到韩国“新世界”，大家一定都不陌生。作为韩国最具代表性的流通企业之一，新世界集团与旗下有纽约Woodbury、洛杉矶Desert Hills等美国顶级精选奥特莱斯的西蒙地产集团联手合作，成立新世界·西蒙合资公司，并推出了多个在韩国具有代表性的奥特莱斯项目，这些奥特莱斯提供了韩国国内一流水准的品牌配置、异国风情的购物环境、各种便利设施和丰富多彩的户外活动等差异化功能，打造“全家人可同时享受购物与休闲乐趣的魅力空间”，提升购物的乐趣与享受，在消费者心中留下了良好的印象。

目前，新世界·西蒙在韩国首尔、釜山和济州共开发了5家名牌折扣购物中心。

②乐天集团。

乐天集团是韩国五大集团之一，世界500强跨国企业之一。以全球化战略在全球近20个国家蓬勃发展零售、食品、旅游、石化地产及金融等领域事业。乐天集团自1994年进入中国市场以来，涉足食品、零售、旅游、石化、建设、制造、金融、服务、影视等众多领域。

作为乐天集团在零售事业上布局的公司，乐天百货公司旗下的乐天奥特莱斯门店众多，它通过扩展精品奥特莱斯、城市奥特莱斯和工厂奥特莱斯等各种形式的奥莱来增加其市场份额。

从总业绩角度来看，乐天百货在奥特莱斯市场的占比甚至超越了新世界·西蒙集团，其在2019年以35372亿韩元的营业额成为总业绩最高的韩国奥莱集团。

另外，乐天奥特莱斯在选址上更愿意在中心城区至郊区成熟奥特莱斯的出行路径中进行布局，以有效截留意向消费顾客。如利川乐天奥特莱斯就建在去往骊州名牌折扣购物中心的高速路旁边，因为利川乐天奥特莱斯相对较近（比骊州大概近30分钟的车程），所以有的消费者本来打算去骊州，但看到近处也有一个大型奥特莱斯，就直接到利川购物。

2021年9月开业的乐天精品奥特莱斯义王店是乐天百货运营的第22家奥特莱斯，在其“精品奥特莱斯”系列中是第6家。乐天集团会长辛东彬在2021年1月13日的会议上强调：“我们需要通过加强品牌来创造差异化的企业价值。”这是“品牌力量”在企业中的体现。

③衣恋集团。

衣恋集团创始于1980年，以女装事业起步。秉承着“为顾客创造价值”的精神，衣恋集团现已发展为韩国第一大时尚零售集团，并以“衣、食、住、休、美、乐”六大核心领域为方向，逐渐扩张成为全方位服务生活的国际化企业。

衣恋集团1994年创办韩国首家城市型“2001奥特莱斯”城市奥莱店，正式开始经营零售业务，2004年创办韩国第一家城市中心型奥特莱斯，并收购了新科亚10家百货公司和15家折扣店，成为韩国拥有最多店铺的大型分销公司。2016年，衣恋集团与百盛集团进行战略合作，在中国上海创建城市奥莱“百盛优客城市广场”，正式进军中国奥莱市场。

④马里奥奥特莱斯。

从1980年的马里奥商社开始，凭借女性针织品牌“Carte Knit”和韩国第一家奥莱店的马里奥奥特莱斯，成长为时尚和零售领域的领先企业。2001年开设1馆后，在顾客的支持下，经过发展，2013年通过更新开业，建成了拥有750多个国内外知名品牌的亚洲最大的城市中心型奥特莱斯。

（2）韩国特色奥特莱斯

①传统型奥特莱斯。

A.骊州名牌折扣购物中心（Yeoju Premium Outlets）。

骊州名牌折扣购物中心由美国奥莱龙头西蒙地产集团与韩国新世界集

团共同打造，是韩国首家大型街区式奥特莱斯。骊州名牌折扣购物中心于2007年开业，占地面积逾26万平方米，建筑物采用流线型设计，充满异国风情，建筑物分为A、B两栋，可在购物的同时欣赏户外景观。

骊州名牌折扣购物中心云集了140多个国内外品牌，从时装、服饰、内衣至家居用品一应俱全，超过一半为国际知名品牌，如Bally、Burberry、Bottega Veneta、Coach、Escada、Fendi、Salvatore Ferragamo、Gucci、Burberry、Adidas、Marc Jacobs等。

除了世界知名品牌，也有KUHO和HAZZYS等韩国高端品牌，更集中了Royal Albert、Royal Copenhagen和Se Creuset等生活厨具品牌。这里还聚集了化妆品国际名牌，倩碧、雅诗兰黛等国外美妆品牌的部分产品甚至比免税店还要便宜，广受顾客欢迎。这里还有全亚洲第一家Burberry折扣店，除了伦敦的Burberry工厂店外，这里的Burberry折扣店是全亚洲第一家。

B.坡州名牌折扣购物中心（Paju Premium Outlets）。

坡州名牌折扣购物中心于2011年3月18日开业，上下共3层，集美食街、餐厅、咖啡厅、一线国际品牌专卖店、设计师品牌专卖店等于一体。与骊州名牌折扣购物中心相比，坡州名牌折扣购物中心里大多为休闲品牌，其中以Gap、Tommy Hilfiger、Beanpole、Adidas、Coach、Gucci、Marc Jacobs、Max Mara等品牌最受众人喜爱。

C.釜山名牌折扣购物中心（Busan Premium Outlets）。

釜山名牌折扣购物中心于2013年8月29日开业，是新世界·西蒙在韩国开发的第三家名牌折扣购物中心。釜山名牌折扣购物中心的用地面积约为15.5万平方米，营业面积为3.3万平方米，停车场可以容纳3500台车。180多个国内外人气品牌大举入驻其中，Salvatore Ferragamo、Armani、Vivienne Westwood等高端品牌是首次进入釜山地区。釜山有名的餐厅也大举入驻，如有韩国特色美食的“宜宁汤饭”、釜山具有代表性的乡土美食“伽倻麦面”、有60多年历史的“18号馄饨店”、有着南浦洞名产瓜子糖馅饼的元祖版本“特别糖馅饼”的韩食堂“风原庄”、中餐厅“胡蝶梦”等。

釜山名牌折扣购物中心周边就是将秀丽的自然景观和各种水产、土特产引以为傲的机张郡旅游区，有名不虚传的海云台、浪漫的松亭赏月路、年轻的海滨广安里、最早的影像复合文化空间电影之殿堂等知名旅游景点。

D.乐天精品奥特莱斯坡州店。

乐天精品奥特莱斯坡州店与坡州名牌折扣购物中心车程仅5分钟，距离首尔稍近，其品牌均为乐天百货所售卖的品牌，比起坡州名牌折扣购物中心，其中的韩国品牌所占比例更大。

2008年，乐天百货为了打造购物中心，与CIT Land签订了长期租赁合同，但新世界·西蒙横插一腿（2009年3月），合同泡汤。乐天集团高层对此十分不满，为了打击新世界·西蒙，他们在坡州建立了比坡州名牌折扣购物中心大一倍的超大规模型奥特莱斯，其品牌数量也比坡州名牌折扣购物中心高出30%，达213个，包括Bally、Coach、MCM、Prada等。

此外，乐天精品奥特莱斯坡州店配备乐天影院及乐天玛特，商场内还有一条运河及观光游览车，比坡州名牌折扣购物中心更具休闲性。

②城市型奥特莱斯。

A.乐天奥特莱斯首尔站店。

乐天奥特莱斯首尔站店是首尔第一家开在乐天百货里的都市型折扣卖场。首尔站是机场铁路、地铁1号线、地铁4号线，以及公交车站等各种交通运输线路汇集的大型交通枢纽站。附近还有乐天超市、乐天百货（总店）、明洞、仁寺洞等购物地及景区。顾客可以很方便地搭乘各种交通工具来此购物，再出发去想去的各个地方。

乐天奥特莱斯首尔站店入驻了VOV、obzee、Michaa、O'2nd、

System、CC Collect、Erise House、Laneige、Zara、The North Face等知名品牌。并且，商场内常年进行30%～70%的打折活动。还提供退税服务，最大退税额度达8%。

B.马里奥奥特莱斯。

马里奥奥特莱斯位于首尔加山数码园区，在衿川区域可以说无论是发展史还是营业规模都可排在首位。项目用15年时间完成3期建设，开发过程类似北京燕莎奥特莱斯，起初只有第1期，然后再有第2期、第3期。每个区域的品牌分布特色如下：

1期：以男女装品牌直销为主。在整个商场的正门上方有一张非常大的中文促销广告牌，标明了一些品牌及折扣价等相关内容。马里奥奥特莱斯1期共有9层楼，在设计方面考虑顾客的购物体验，将所有品牌logo呈圆形排列在大厅周围，楼梯设在商场醒目的中间位置，同时，每层楼都标有该楼层相关品牌的logo，便于顾客第一时间搜寻到自己的目标品牌。

2期：有14层楼，5～11层为服装企业的办公区域，马里奥奥特莱斯的行政楼层也在这栋楼。其他楼层基本上为饰品、户外用品及高尔夫球运动用品品牌专区。值得一提的是，这里专门提供了退税服务，填写完相关信息后即可退税，有支付宝的还可直接退还到支付宝里。

3期：共14层楼，除了有童装区、游乐场、蓝天公园、高级餐厅外，还有一些家具、运动品牌等。据韩国的导游说，这里无论是白天还是晚上，人都非常多。主要是因为马里奥奥特莱斯超丰富的商品及超实惠的促销折扣价等吸引了不少本地消费者及国外游客。其中也有不少中国游客，商场正门上方的宣传牌、购物区的展示牌、楼层分导图等以中文为主，足以体现其对中国消费者的重视与欢迎。

3000亿韩元的年业绩充分说明楼层高不是问题，关键是品牌布局和卖场管理的水平。高楼层的奥莱也可以成功是对“奥莱的标准就是街区式或者街区式奥莱最易成功”的观点最有力的反驳。

当然，韩国奥特莱斯的共同特点是品类丰富、货量非常充足，货品陈列相当用心，购物环境的营造也非常舒适，这对中国奥莱来说确实是一个新的启示。

C.W-MALL。

W-MALL是文化和时尚融合的复合购物空间，满足各种生活风格的一站式综合主题购物中心。W-MALL是保有原WONSHIN直销店地下4层、地上10层规模的，配备同时可停600多辆车的停车场的超大型购物中心。该购物中心配备了大型儿童游乐区、美发沙龙、客服中心、VIP休息室等设施，从地下1层至地上8层有男装、女装、休闲装、运动装、户外装、童装等国内外300多个有名的品牌，以50%～90%的折扣低价供应商品。W-MALL除了购物以外，还有适应各种生活风格的新概念直销店，以更舒适和更愉快的购物体验来报答顾客。

D.现代奥特莱斯加山店。

韩国现代百货自2015年开始创立现代奥特莱斯加山店。现代奥特莱斯加山店从设计风格上来看，比较现代、时尚，注重整体设计，内部以乳白色大理石面为主，包括大厅内的楼层电梯。其中，比较特别的是在大厅石柱上的2块巨大的电子显示屏，主要用来发布电子产品、生活用品等信息。2018年，为了迎合中国消费者，现代奥特莱斯加山店还在中庭上空悬挂了一只代表中国羊年的卡通羊，这显示这个商圈里的中国消费者一定不少。

现代奥特莱斯加山店外面的广场上也有不少品牌以花车的形式举办促销活动，产品质量、款式都很不错。且促销折扣比购物中心更大。

以上B、C、D三家奥莱雄踞同一个十字路口，品牌的重合度在40%左右，但每家奥莱的人流量都很大，生意自然很好。集群式奥莱在这里得到了很好的实现。上述三家奥莱在体量上比较大，还有其他体量比较小的奥莱，多数是在1万平方米内。由LG集团开设的集合旗下品牌的未来生活文化时尚工厂店（LF FASHION FACTORY OUTLET）是属于体量较小的一类奥特莱斯，集团一般自己开设小型折扣店，但也会在大型奥特莱斯中以集合店的形式进驻。除了LG集团旗下的品牌，也有其他品牌。这种开设小型奥特莱斯的方式有点类似英国玛莎百货在奥特莱斯内开设折扣店，或全球最大的成衣上市公司VF集团在奥特莱斯内开设多品牌集合店。

韩国奥特莱斯货量最大的类别主要集中在户外用品和运动用品，例如K2这样的户外运动品牌在韩国比较多见，这主要建立在韩国人爱好爬山、打高尔夫球等各种户外运动的背景之上。

对我国奥莱的借鉴和思考：

纵观韩国各种类型的奥莱，笔者认为最值得借鉴和研究的并不是“高大上”的美式奥莱，因为这种奥莱在我国已经有不少成功案例，跟韩国相比也毫不逊色。我们需要学习和借鉴的是他们深入挖掘消费者旅游及文化体验的智慧与经验。韩国本土化的奥莱中，以未来生活文化时尚工厂店为代表的众多体量小的奥莱和衿州百货仓储式的奥莱集群商业形态才最值得我国奥莱从业者深入研究和借鉴。这些大大小小的奥莱聚集在一起，形成一个庞大的奥莱业态群，其中国际大牌不多，韩国本土品牌却占据了半壁江山，货品充足，陈列整洁美观，丝毫没有廉价之感。加上规模效应，吸引消费者的能力很强。这对奥特莱斯的发展很有启发，在传统百货业不景气的当下，国内百货转型奥莱的案例比比皆是，在转型的过程中，不能禁锢思维，唯一线大牌马首是瞻，品牌资源的选择可宽泛一些，一线大牌不应该成为奥莱发展的束缚。奥特莱斯是商业业态的一种，无须给它添加太多的标准，在衿川这个奥特莱斯众多的地域内，随处可见大大小小的奥特莱斯，这打破了常规定义上人们对奥特莱斯营业面积的认识。这无疑是在告诉我国奥特莱斯经营者：无论何种规模的奥特莱斯，只要它能够生存下来就一定有它的独到之处，比如设计风格、视觉识别系统（VI）的恰当运用、精准的目标客户定位、业态与品牌组合上的优势、餐饮及休闲娱乐项目的融合、周边完善的配套设施等。

衿川奥莱集群其实并没有传统意义上的国际一线品牌，而是以国际休闲运动品牌和韩国本土品牌为主。可以说在品牌构成上并不具备优势，但是衿川奥莱集群的影响力和营业额在韩国却是名列前茅。究其原因，是韩国人购买国际品牌时很理性，并对本土品牌有较强烈的认同感。众所周知，韩国的民族特性中具有对本土文化及品牌自信到稍显偏执的一面，本土文化及品牌保护意识浓郁。他们或许崇尚欧美大牌严谨的制作工艺、对商品精益求精的态度，但同时他们对本土品牌同样具有浓厚的民族情结。目前在我国的奥特莱斯中，类似品牌构成的奥特莱斯其实早已经出现，但影响力还远远不够，这需要国产优秀品牌继续加强对自身的提升，也要等待消费者的消费观念进一步成熟。

奥莱的标准需要从业者自己定义和书写，期待中国的奥莱经济圈早日出现。

附录：2021年韩国连锁奥莱销售业绩

附表3-3　2021年韩国连锁奥莱销售业绩排行TOP34

排名	项目名称	2021年业绩/亿韩元	2020年业绩/亿韩元	年增长率
1	骊州名牌折扣购物中心	7025	6421	9.4%
2	乐天精品奥特莱斯东釜山店	5499	4715	16.6%
3	现代名牌奥特莱斯金蒲店	5361	4668	14.8%
4	现代名牌奥特莱斯松岛店	3925	3231	21.5%
5	坡州名牌折扣购物中心	3849	3499	10.0%
6	现代名牌奥特莱斯Space1	3783	666	468.0%
7	乐天精品奥特莱斯金海店	3696	3391	9.0%
8	现代名牌奥特莱斯大田店	3602	1933	86.3%
9	始兴名牌折扣购物中心	3530	2943	19.9%
10	乐天精品奥特莱斯器兴店	3380	3057	10.6%
11	乐天精品奥特莱斯利川店	3211	2872	11.8%
12	乐天精品奥特莱斯坡州店	3105	2962	4.8%
13	釜山名牌折扣购物中心	2796	2441	14.5%
14	乐天奥特莱斯光州水莞店	1724	1463	17.8%
15	乐天精品奥特莱斯光明店*	1688	1558	8.3%
16	现代奥特莱斯Garden5店	1568	1467	6.9%
17	乐天奥特莱斯大邱凤舞店	1474	1291	14.2%
18	现代奥特莱斯东大门店	1434	1383	3.7%
19	现代奥特莱斯加山店	1332	1259	5.8%
20	乐天奥特莱斯光州世界杯店	1223	1077	13.6%
21	乐天精品奥特莱斯时光别墅	1177	2021年9月开业	
22	乐天奥特莱斯扶余店	1165	1038	12.2%
23	乐天奥特莱斯南岳店	1164	991	17.5%
24	乐天奥特莱斯清州店	1113	969	14.9%
25	乐天奥特莱斯光教店	1097	1015	8.0%
26	乐天奥特莱斯群山店*	1066	970	9.9%
27	现代奥特莱斯大邱店	1021	884	15.5%
28	乐天奥特莱斯晋州店	828	766	8.1%
29	乐天奥特莱斯首尔站店	804	820	-2.0%
30	乐天奥特莱斯大邱栗下店	646	592	9.1%
31	乐天奥特莱斯高阳客运站店	437	427	2.3%
32	乐天奥特莱斯高阳店	410	392	4.6%
33	乐天奥特莱斯九里店	265	343	-22.7%
34	济州名牌折扣购物中心	112	2021年10月开业	

注：1.*表示已转型为乐天购物中心。
　　2.2021年韩元兑人民币的平均汇率为100韩元=0.5637元人民币（1元人民币=177.41韩元）。

据调查，2021年韩国奥特莱斯的销售额大幅增长。对乐天百货、现代百货、新世界·西蒙三巨头的韩国34家奥特莱斯的销售额进行分析后得出，年销售总额达74510亿韩元（约合420.0亿元人民币），同比增长21.1%。在此期间，除乐天奥特莱斯首尔站店和乐天奥特莱斯九里店、新开的乐天义王店和新世界济州店4家店外，其他30家奥莱均实现了正增长。年销售额超过3000亿韩元（约合16.9亿元人民币）的大型奥特莱斯也增加到了12家。与前一年的6家相比翻了一番，比新冠疫情前的2019年增加了3家。

在排名中，前3位次序较2020年没有变化。特别是第一名新世界·西蒙的骊州名牌折扣购物中心仍是第一家销售总额超7000亿韩元的奥特莱斯。乐天精品奥特莱斯东釜山店时隔1年年销售总额再次上升到5000亿韩元左右，现代名牌奥特莱斯金浦店则首次创下了5000亿韩元的销售业绩。

排在第6位的现代名牌奥特莱斯Space1和2021年9月开业的乐天精品奥特莱斯时光别墅也备受关注。2020年11月开业的现代名牌奥特莱斯Space1一举进入前6名，而乐天精品奥特莱斯时光别墅不到4个月的销售额就达到了1177亿韩元。

从运营公司的业绩来看，乐天百货（21家）的销售额为35172亿韩元（约合198.3亿元人民币），增长率为14.5%。市场份额占比为47.2%，比2020年下降2.7%，但因采取多店战略，仍占有最高份额。

紧随其后的是现代百货（8家），增长率为42.2%，达到22026亿韩元（约合124.2亿元人民币）的销售额。市场份额占比为29.6%，比2020年足足上升了4.4%。与金浦、松岛等代表性店铺一起，2020年6月开业的大田店和11月开业的Space1等新店的活跃度非常好。不幸的是，大田店由严重火灾导致停业，2022年损失严重。

新世界·西蒙（5家）增长率为13.1%，达到17312亿韩元（约合97.6亿元人民币）的销售额，市场份额占比23.2%。这一比例比2020年下降了1.7%。

在每家公司的平均销售额中，新世界·西蒙占压倒性优势。5家店铺的平均销售额为3462亿韩元（约合19.5亿元人民币），比排名第二的现代百货高出700亿韩元以上。现代百货8家店铺的平均销售额为2753亿韩元（约合15.5亿元人民币），乐天百货的21家店铺的平均销售额为1675亿韩元（约合9.4亿元人民币）。

3.泰国

泰国，一个既神秘又喧嚣的国家。这个庙宇林立的千佛之国，拥有独特的文化与民间艺术，对外显得十分神秘；坐拥500多个景点，每年都有数以亿计的游客踏上这片土地，因而喧嚣。因其浓厚的旅游属性，泰国的奥特莱斯严重依赖游客的消费来驱动业绩增长。然而，对于见多识广又追求惊喜的游客而言，泰国奥特莱斯的吸引力似乎不太大。

（1）泰国十大奥特莱斯之一：尚品奥特莱斯 · 七岩

华欣和七岩是两片相连的海滩，以碧海、沙滩、椰影等南国风光闻名于世，是泰国皇室、贵族最钟爱的避暑胜地，也是泰国上流社会人群的高级度假别墅区。

七岩宽广、延绵不断的海湾，勾勒出优美的弧线。在离泰国曼谷西南方200公里的地方，坐落着尚品奥特莱斯 · 七岩。这是泰国十大奥特莱斯之一，由曼谷当地的服装制造商Pena House Group开发。

从泰国北方坐车到华欣，经过七岩旁边的小镇，摩洛哥主题的娱乐公园骆驼王国会出现在你的眼前，辽阔的平原和大片正在施工的公寓带来的单调乏味就此一扫而过。随后，尚品奥特莱斯 · 七岩出现在视野里。

尚品奥特莱斯 · 七岩的商业面积达到1.65万平方米，它的建筑是美式小镇风格，有200多个品牌进驻，比如Pierre Cardin、Crocs、Playboy、Guess等服饰品牌，以及Quiksilver、Roxy、Billabong等滑板与冲浪品牌，Dr.Marten、Hush Puppies、Adidas、Converse等运动品牌。第三期扩建后，又有一些国际著名品牌进驻。

这个项目附近坐落着被称为泰国“小希腊”的圣托里尼乐园，整座园区的建筑风格完全模仿希腊爱琴海上的小岛圣托里尼，蓝窗白墙的小房子内是一家家精品小店。40米高的摩天轮巍然矗立，来尚品奥特莱斯 · 七岩购物的游客一般会前去娱乐一番。

无论从哪方面而言，尚品奥特莱斯 · 七岩都是非常具有代表性的泰国奥莱：临近旅游景点，品牌虽多但以本地品牌和中低端品牌为主，由具有服装生产背景的公司打造。

（2）**泰国两大奥莱连锁公司**

说到泰国奥特莱斯行业，无法绕开尚品奥特莱斯·七岩的母公司Pena House Group。这家公司在泰国经营着10家尚品奥特莱斯，是泰国为数不多的连锁奥莱公司之一。在其官网上，该公司自称“不仅是时尚品牌的制造商、进口商，也是零售渠道之一，在泰国众多地区开设了工厂奥莱店。我们的目标客户是国内及国际游客，每个奥特莱斯项目的投资额约为4亿～5亿泰铢，商业面积为1.6万～1.8万平方米”。

Pena House Group旗下的奥莱项目都坐落在泰国的主要旅游景点附近，包括清迈、芭提雅、喀比府、苏梅岛、普吉岛等。如芭提雅奥特莱斯，位于芭提雅的海滨度假区，于2001年开业；尚品奥特莱斯·清迈，于2015年开业，坐落在清迈北方、原兰纳王国的首都附近，是通往泰国丘陵地带的必经之路。

另一家不得不提的奥莱连锁公司是泰国本土服装品牌Fly Now的母公司Fly Now Group，其开发的FN奥特莱斯遍布泰国各大旅游景点。

据Fly Now官网的介绍，Fly Now是泰国最成功的国际化泰国品牌。1983年，Fly Now以一系列淑女服装起步，1989年产品线中加入了皮草系列，并在市场上获得了不俗的反响，逐渐发展成为泰国最著名的服装品牌之一。1995年该品牌参加伦敦时装周，旗下设计师位列当季Top 5。如今，该品牌在泰国拥有10家独立店及60多家特许加盟店。

FN奥特莱斯所在的公司FN工厂奥莱公司成立于2000年，成立目的是为Fly Now品牌开辟新的分销渠道。1997年亚洲经济危机使零售业急剧衰退，为了应对这一局面，Fly Now Group制定了新的商业战略：开设工厂奥莱店，加快消耗囤积起来的服装库存，免去物流成本和营销成本。为了保证工厂奥莱店的货源供应，他们又开创了一系列品牌，涉及男装、女装、童装、厨房用品、家居产品、旅行用品等。至今，泰国已经有8家FN奥特莱斯，均位于泰国的几个旅游景点附近，比如芭提雅、华欣、信武里等。这两家公司在泰国开设工厂奥莱店的势头比较生猛。虽然泰国人不太喜欢在奥特莱斯购物（至少现在是这样），但外国人则不同。

（3）严重依赖游客的泰国奥莱业态

游客们大体上被泰国绝妙的本土文化所吸引，这种吸引力来自极具魅力的古寺庙集群和水源清澈的田园牧歌式海滨度假区。在2020年前，泰国的国际旅游产业以惊人的速度增长。

作为泰国的政治、经济、文化中心，泰国首都曼谷是世界上拥有大型购物中心最多的大都市之一，素有“亚洲购物天堂”之称。曼谷主要的购物中心开发商包括暹罗集团（Siam Piwat）、尚泰集团（Central Group）、泰国商城集团（The Mall Group）等，这几家公司针对国际游客以及泰国的富裕阶层而开发了几个世界级的零售地产项目，它们帮助曼谷成为亚洲最佳的购物中心。但除在曼谷的泰国人之外，其余泰国人对于购物普遍持精打细算的态度，所以，尽管存在着Pena House Group旗下的10家购物中心和Fly Now Group运营的一些独立奥莱店，但很多泰国人并不懂得去奥莱购物的好处，使得那些购物中心的利润并不丰厚，这就是工厂奥莱店进入的市场的现状。

高力国际公司驻泰国曼谷的研究副总监苏拉谢·孔切普（Surachet Kongcheep）称：“奥特莱斯购物中心只是泰国零售业里的一个小渠道，泰国本地人和游客通常能在传统的购物中心里买到同样的商品。”而且他认为，在主流购物中心里也能找到这些商品，且价格跟奥特莱斯里一样，甚至更便宜，所以，泰国的奥特莱斯比较依赖游客的消费驱动业绩增长。

（4）泰国奥莱的挑战：服装太贵、体验不佳

苏拉谢·孔切普的观点并非虚言。对游客而言，奥莱的商品必须非常独特，并与主流购物中心正价店的产品形成明显的差异。

但打开国际旅行点评网站猫途鹰，游客们对七岩的这家FN奥特莱斯共发表了19条点评，其中13条点评为负面评价，主要是抱怨售卖的商品价格并不便宜、品牌比较少等。一位挪威的游客直言："当我听到这家店叫工厂折扣店时，我非常期待一些特别的东西。但不要被误导，别来这家店！"

在猫途鹰七岩购物板块中排名第二的尚品奥特莱斯·七岩，得到的评价也是毁誉参半。游客们称衣服太贵、折扣吹得天花乱坠但并不实惠、大多数店铺里的服务人员看起来不够友好。笔者注意到，这些游客大多来自美国、欧洲国家、东南亚国家等。

毫无疑问，虽然逐年稳步增长的旅游产业为泰国奥特莱斯的业绩增长提供了千载难逢的机会，但专家和游客们的评论说明，在现存的泰国奥特莱斯里，商品和定价策略都需要进行调整和升级。

泰国奥特莱斯让一些其他国家的奥莱从业者想起了美国早期的奥特莱斯购物中心，它们有着相似的形态，在室内布置方面都极其简约、粗糙。

它让奥莱从业者追溯起从前打拼的日子：努力地提升奥特莱斯的购物环境和体验，使其与购物中心的店铺保持一致。

泰国奥特莱斯的服务不佳是另一个大问题，比如，当顾客走进店里时，很多员工还在玩手机，看都不看一眼顾客。

周六的时候，七岩的交通很通畅，只有少数中国游客和韩国游客在购物中心闲逛。华欣每年吸引的游客超过100万人次。除非泰国奥特莱斯里的商品更有差异性，否则游客们只愿意把这个海岸风景区作为优先游玩的地点，顺便沿着滨水区去那些排成一条线的壮观的海鲜餐厅打打牙祭。

游客的数量已经摆在台面上，但奥特莱斯的货品更急需升级，升级的方式可能和邻国马来西亚一样，邀请经验丰富的外国运营商与本地企业合作。如果真能做到，泰国奥特莱斯的未来将会更加光明。随着泰国人民可支配收入的增长，以及当地居民越来越清晰地理解奥特莱斯的价值，消费应该会更多地转移到奥特莱斯里。

然而，想要赢得更多游客的驻足，无论是在硬件方面还是在软件方面，泰国的奥特莱斯还得花大力气改造，摆在面前的是一条艰难的长路。

4.马来西亚

依靠着丰富的橡胶、棕榈油、天然气等自然资源，并在1997年经济危机后大力发展旅游业，2021年马来西亚人均国内生产总值（GDP）超过了1万美元，很多华人都愿意留在这个国家发展，在这个东南亚国家，华裔占总人口的20%。

随着国家逐渐进步，国民所得逐渐提高，马来西亚人的生活品质与消费能力随之提高，消费者对货品质量亦相对重视。近年马来西亚高消费族群逐渐增加，高价位产品专卖店或专柜越来越多。居住在城市的居民，生活水平提高，随之在消费习惯上较注重品牌。这也为以“名品+折扣”为核心的奥莱行业提供了丰富的发展土壤。

（1）三井奥特莱斯购物城 吉隆坡国际机场雪邦

三井奥特莱斯购物城吉隆坡国际机场雪邦在2015年5月开业，是吉隆坡第一家奥特莱斯。2017年12月二期开业后业绩保持稳步增长。2022年4月开业的三期项目新增店铺面积约7000平方米，新增店铺数量约5家。在一期和二期区域广受欢迎的运动品牌Adidas等搬迁到了三期。Adidas成为该商城里最大的店铺，而Nike则借搬迁之机转型为马来西亚第一家Unite概念店。

此外还入驻了两个品牌：家居品牌L’Objet和电器品牌Courts。凭借最时尚的运动品牌和现代家居与生活电子产品，这些商店为顾客提供了新的购物体验、独家店内活动和服务以及创新的陈列展示。

除了引入新的大型概念店之外，三井奥特莱斯购物城吉隆坡国际机场雪邦还增加了停车场容量，以满足其不断增长的客流量。

运营公司MFMA（由三井不动产和马来西亚机场控股合资成立）的副董事总经理TJ Cheah表示三期的启动是及时的，“作为名品购物的目的地，三井奥特莱斯购物城吉隆坡国际机场雪邦正在消费者中迅速流行起来。多年来，我们的客流量大幅增长。”

（2）云顶高原名牌折扣购物中心

云顶马来西亚有限公司主要从事休闲和酒店业务，经营主题公园、博彩、酒店、海滨度假胜地和娱乐场所超过50年。云顶名胜世界（RWG）在7家不同的酒店拥有约10500间客房，是马来西亚首屈一指的综合度假胜地。度假村还拥有广泛的休闲和娱乐设施，包括主题公园和游乐设施、餐饮和零售店，以及国际表演和商务会议设施。

作为东南亚地区第二家名牌购物城，云顶高原名牌折扣购物中心也是全世界首家开设在山上的名牌购物城。它位于半山阿娃娜缆车站，与缆车站无缝连接。购物中心拥有两层开阔的购物空间，云集了超过150个知名设计师品牌，并每天提供高达65%的优惠惊喜。

（3）Freeport A’Famosa Outlet

马六甲是世界文化遗产，位于马来半岛西南面，与印度尼西亚苏门答腊岛相对，东部则与柔佛州相连。它曾先后被英国、荷兰及葡萄牙占领，所以在建筑物方面保留了浓厚的文化特色。郑和下西洋时也曾停靠在马六甲海峡。基于地理位置的优势，旅游业是马六甲重要的经济支柱之一。

去马来西亚旅行，可以游玩离马六甲最近的奥莱——Freeport A’Famosa Outlet，这是马来西亚第三家大型奥特莱斯。该项目设立在亚罗牙也，建于2016年1月28日，采用荷兰建筑风格，是开放式商场，设有喷水池、风车等，由马六甲A’Famosa集团与英国Freeport零售有限公司联营。很多旅游团会把这个奥莱列入购物景区，吸引了不少国内外游客。在新冠疫情暴发前，每到周末这里基本是人山人海，但是本地民众对该商场不太感兴趣。

第二部分
创新驱动中国式奥莱发展

第一章
我国奥特莱斯基本情况概述

随着20世纪90年代亚洲地区奥特莱斯业态的高速发展，我国的零售业从业者也在探索奥特莱斯进入中国的可能性。2002年，我国首家奥特莱斯——北京燕莎奥特莱斯落户北京市朝阳区，成为我国首家开业的奥特莱斯（下文未提及港澳台地区的奥莱时，则不统计港澳台地区的奥莱）。北京燕莎奥特莱斯的开业引起了国内大批零售企业的关注，也由此拉开了奥特莱斯在我国的发展大幕。

奥莱领秀（广州）传媒科技有限公司［简称“奥莱领秀（广州）传媒”］的统计数据显示，截至2022年5月，我国维持良好运营的奥特莱斯（可统计范围内）数量为221家，本书重点关注其中的209家，项目总建筑面积1929.45万平方米，商业可售面积约1200万平方米，全国人均奥特莱斯拥有量为1.479家/千万人，人均奥特莱斯面积为136.55平方米/万人。在营业的209家奥特莱斯中，2002—2011年开业并存续至今的奥特莱斯有26家，占当前存续奥特莱斯项目的12.44%，该阶段内存续的奥特莱斯项目总建筑面积171.84万平方米，占整体的8.91%。2012年至2022年5月30日开业且在营的项目数量为183家（见图1-1），该阶段内奥特莱斯总建筑面积1757.61平方米，占比91.09%，传统认知上的大型奥特莱斯131家（下文统称为综合型奥莱），占比62.68%，商业体量1452.83万平方米，占全国奥特莱斯项目总体量的75.30%，平均单个项目面积11.09万平方米。城市型奥莱数量78家，占比37.32%，商业体量476.62万平方米，占全国奥特莱斯项目总体量的24.70%，平均单个项目面积6.11万平方米（见表1-1）。

表1-1　城市型、综合型奥特莱斯基本情况

奥莱类型	项目数量/个	数量占比	总体量/万平方米	体量占比	单店平均体量/万平方米
城市型奥莱	78	37.32%	476.62	24.70%	6.11
综合型奥莱	131	62.68%	1452.83	75.30%	11.09

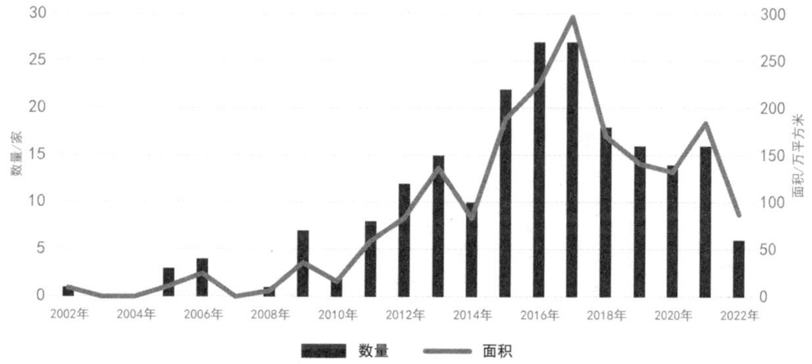

图1-1　2002年至2022年5月我国奥特莱斯开业情况

针对不同城市的发展情况，我国不同城市中奥特莱斯的发展情况也略有不同，综合型奥莱整体的发展速度要快于城市型奥莱，通过图1-2可以看到，2013年之后，我国奥特莱斯整体加快了对于二线城市的布局和渠道的下潜，2017—2022年，则加快了对于三线城市的布局。奥莱领秀（广州）传媒的数据显示，在一线城市和二线城市中，综合型奥莱的发展速度和规模要远远大于城市型奥莱，在三线城市的发展情况上，城市型奥莱与综合型奥莱的发展在量化上则保持高度一致。从项目的平均体量上看，综合型奥莱的整体商业体量基本保持在10万平方米的配置，二线城市的平均体量略高于其他城市；城市型奥莱在体量的规划上，基本保持5万～6

万平方米的商业容量，而相对于二、三线城市而言，一线城市受到人口和城市发展水平的利好，城市型奥莱相对体量占优势。结合2002—2022年我国奥莱的发展情况来看，2002—2011年，我国城市型奥莱主要出现在一线城市和部分经济情况具有相对优势的二线城市，但通过数据的对比可以发现，在该阶段内，城市型奥莱的出现主要基于两种形态，第一种是在原有的百货体系基础上进行经营模式的调整，转型成为奥特莱斯，其中典型的项目是广州万国奥特莱斯；第二种是以上品折扣为代表的奥特莱斯专业集合店铺。目前，第一种形态成为城市型奥莱发展的主要形态。2011年之后，我国的城市型奥莱进入小规模的成长期，2015年，城市型奥莱迎来真正的发展期。2015—2018年，仅4年时间35家城市型奥莱开业，涉及总商业体量达235.78万平方米，分别占历年开业总数的44.87%和商业体量的49.31%。而这几年，三四线城市的城市型奥莱的开发，也为我国奥特莱斯渠道下沉积累了大量经验。

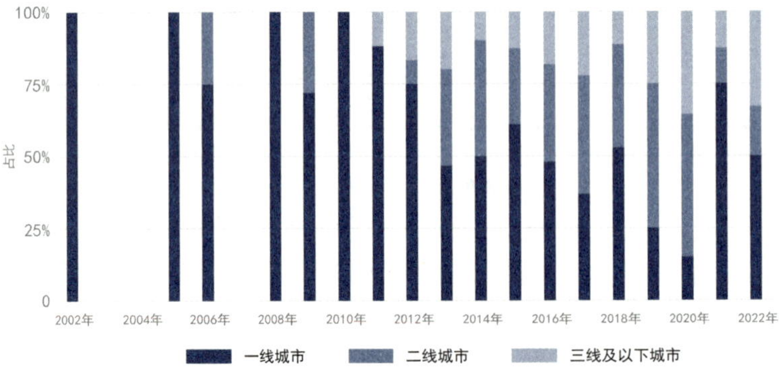

图1-2　2002年至2022年5月我国奥特莱斯城市层级分布情况

截至2022年5月，我国开业的奥特莱斯已遍布除青海省之外的所有省（区、市）。从地区发展的角度看，华东地区整体上保持着较大的优势，区内在营项目数量达到90家，占全国总数的43.06%，商业总体量达796.74万平方米，占我国奥特莱斯业态总商业体量的41.29%，其中综合型奥莱与城市型奥莱的发展相对平衡。从省（区、市）角度看，江苏省是目前我国奥特莱斯业态发展最为活跃的省份，省内在营项目总数达28家，占全国总数的

13.40%，涉及商业总面积267.69万平方米，占全国总体量的13.87%。除江苏省外，目前奥特莱斯项目总数突破10家的省（市）包括浙江（18家）、山东（13家）、广东（12家）、上海（11家）、湖南（11家）。关于我国七大区域的相关数据及优质项目，将在后文中做详细解读。

我国奥莱发展情况见表1-2、图1-3至图1-4。

表1-2　我国综合型奥莱与城市型奥莱分布情况

奥莱类型	城市类型	总数量/家	数量占比	总体量/万平方米	体量占比	项目平均体量/万平方米
综合型奥莱	一线城市	68	32.54%	722.64	37.45%	10.63
	二线城市	45	21.53%	531.37	27.54%	11.81
	三线城市	18	8.61%	198.82	10.30%	10.46
城市型奥莱	一线城市	42	20.10%	270.82	14.04%	6.45
	二线城市	18	8.61%	104.19	5.40%	5.79
	三线城市	18	8.61%	101.61	5.27%	5.65

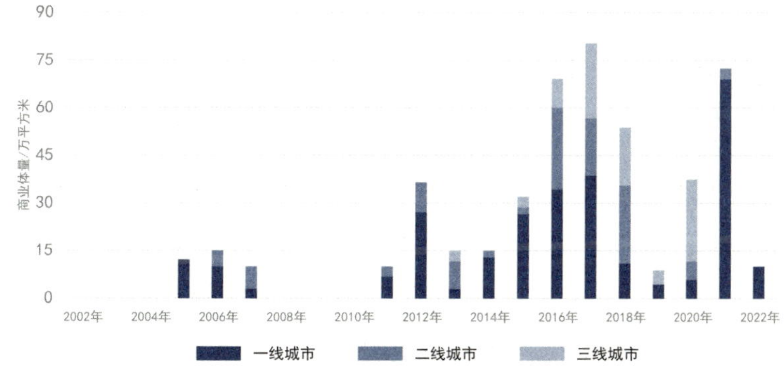

图1-3　我国城市型奥莱整体发展情况

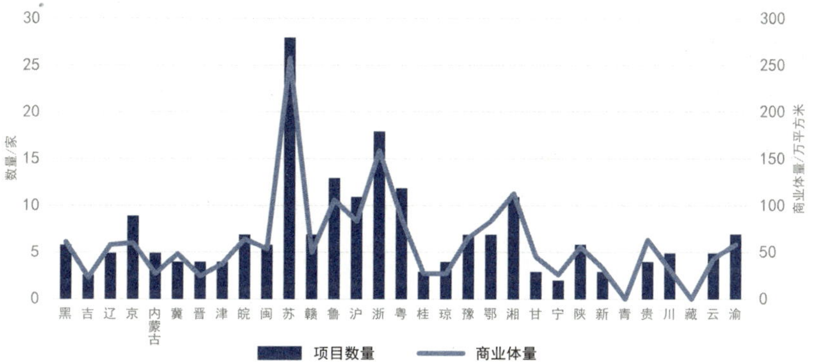

图1-4　我国各省（区、市）奥特莱斯发展情况

第二章
我国奥特莱斯运营情况概述

奥莱领秀（广州）传媒的数据显示，2018年我国奥特莱斯全年总销售额首次突破1000亿元大关，2019年、2020年和2021年分别取得了1100亿元、1200亿元和1380亿元的销售额，分别实现了10%、9%和15%的增长幅度。在新冠疫情防控限制和普遍关店潮的影响下，奥特莱斯依然保持了较好的增长态势。奥莱领秀（广州）传媒分析称，近两年奥特莱斯之所以能够逆势增长，主要有如下几方面原因：

①大众消费期望价格低及消费能力紧缩，奥莱性价比优势在该阶段得到最大的价值认同；

②奥莱远离市区的地理位置以及较为宽松的购物环境符合消费者对疫情防控等要求的安全性认同；

③长距离出行受限，短途旅游成为消费者周末和小长假出行的首选，奥莱“微度假”概念受青睐；

④新增奥莱项目与成熟奥莱新增物业部分取得较好成绩；

⑤奥莱在线上营销、社群营销等板块取得重大突破，增强了其对消费者的吸附能力和自身的变现能力。

2021年，全国奥莱总销售额取得15%的增长，在线下实体零售领域中显得尤为耀眼，奥莱领秀（广州）传媒发布的数据显示，全年销售额突破10亿元大关的奥特莱斯有46家，占全国奥特莱斯总数的21%，连续两年数量增幅接近18%，年销售总额接近1000亿元，约占全国奥特莱斯年销售总额的70%，优势相对明显。

2022年1月，奥莱领秀（广州）传媒同步更新了中国奥莱百亿俱乐部名单，入榜企业即为业内普遍认知的六大连锁集团。

如表2-1至表2-3所示，王府井集团、百联股份、首创钜大、杉杉商业集团、砂之船控股以及RDM Asia 6家公司奥莱上榜数量达31家，占全国奥特莱斯上榜总数量的67%，上榜项目共同创造的年销售总额达657亿元，占榜单总金额的68%，而上述企业2021年全年总销售额达775亿元，以全国28%的项目数量贡献了56%的市场份额，显示出强大的控制力。了解中国奥莱发展史的人应该都清楚，目前上述可以称为头部连锁企业的均是较早涉足奥特莱斯业态的大零售企业或地产企业。

表2-1　六大连锁集团的奥特莱斯概况

集团	2021年销	首位度	平均店销	拓店方式	整体布局
砂之船控股	约150亿元	16%	约12亿元	轻资产/合作	布局全国
杉杉商业集团	约150亿元	21%	约16亿元	重资产+轻资产	布局全国
首创钜大	约110亿元	39%	约8亿元	重资产为主	布局全国
王府井集团	约120亿元	25%	约13亿元	轻资产/合作	以北方城市为主
百联股份	约135亿元	45%	约19亿元	重资产为主	以华东和长三角地区为主，长江沿线城市为辅
RDM Asia	约110亿元	39%	约18亿元	重资产为主	各大区域节点型城市

表2-2　销售规模超亿元的奥特莱斯项目

销售规模	项目名称	开业年份	隶属公司	所属区域
超50亿元	百联奥特莱斯广场（上海·青浦）	2006年	百联股份	华东
超40亿元	佛罗伦萨小镇·京津名品奥特莱斯	2011年	RDM Asia	华北
	北京首创奥特莱斯	2013年	首创钜大	华北
超30亿元	北京八达岭奥莱	2015年	北京华联	华北
	百联奥特莱斯广场（武汉·盘龙）	2012年	百联股份	华中
	天美杉杉奥特莱斯广场·晋中	2017年	杉杉商业集团	华北
	佛罗伦萨小镇·上海名品奥特莱斯	2015年	RDM Asia	华东
	杭州下沙奥特莱斯	2009年	春竹集团	华东
	杉井奥特莱斯广场·宁波	2011年	杉杉商业集团	华东
	时代奥特莱斯·成都	2009年	香港华镫集团	西南
	北京燕莎奥特莱斯	2002年	王府井集团	华北
	比斯特上海购物村	2016年	Value retail	华东
超20亿元	比斯特苏州购物村	2014年	Value retail	华东
	杉杉奥特莱斯广场·郑州	2016年	杉杉商业集团	华中
	杉杉奥特莱斯广场·哈尔滨	2015年	杉杉商业集团	东北
	长沙友阿奥特莱斯购物公园	2011年	友阿股份	华中
	北京赛特奥莱	2009年	王府井集团	华北
	砂之船（重庆两江）奥莱	2008年	砂之船控股	西南
	砂之船（西安）奥莱	2017年	砂之船控股	西北
	砂之船（南京）奥莱	2015年	砂之船控股	华东
	沈阳盛京大奥莱	2012年	兴隆大家庭	东北
	百联奥特莱斯广场（江苏·无锡）	2013年	百联股份	华东
超10亿元	佛罗伦萨小镇·广佛名品奥特莱斯	2015年	RDM Asia	华南
	万宁首创奥特莱斯（已更名为王府井悦舞小镇）	2014年	首创钜大	华南
	北京斯普瑞斯奥特莱斯	2011年	斯普瑞斯	华北
	济南首创奥特莱斯	2019年	首创钜大	华东
	武汉首创奥特莱斯	2018年	首创钜大	华中
	沈阳赛特奥莱	2011年	王府井集团	东北
	北京花乡奥特莱斯	2017年	花乡奥特莱斯	华北
	砂之船（合肥）奥莱	2016年	砂之船控股	华东
	杉杉奥特莱斯广场·南昌	2017年	杉杉商业集团	华东
	深圳龙华八号仓奥特莱斯	2015年	8号仓控股	华南
	广州万国奥特莱斯	2006年	万国广场	华南
	砂之船（贵阳）奥莱	2017年	砂之船控股	西南
	哈尔滨枫叶小镇奥特莱斯	2015年	春竹集团	东北
	深圳华盛奥特莱斯	2012年	华盛商业集团	华南
	砂之船（长沙）奥莱	2011年	砂之船控股	华中
	砂之船（中东长春）奥莱	2017年	砂之船控股	东北
	佛罗伦萨小镇·成都名品奥特莱斯	2019年	RDM Asia	西南
	百联奥特莱斯广场（江苏·南京）	2015年	百联股份	华东
	石家庄北国奥莱小镇	2017年	北人集团	华北
	西安赛特奥莱机场店	2016年	王府井集团	西北
	西安赛特奥莱临潼店	2016年	王府井集团	西北
	长春赛特奥莱MALL	2018年	王府井集团	东北
	砂之船（昆明）奥莱	2016年	砂之船控股	西南
	广州海印又一城奥特莱斯	2012年	海印股份	华南

表2-3　我国经营奥特莱斯项目的主要企业

集团	公司属性	奥莱品牌	总部	在营数量/家	筹建项目/个	总体量/万平方米	企业背景
砂之船控股	民营企业	砂之船奥莱	上海	14	6	约200	零售
已布局城市	重庆（两江，璧山），杭州，南京（江宁），合肥，西安，长春，贵阳，昆明，兰州，长沙，扬州，厦门，苏州						
筹备城市	南京（江北），石家庄，上海，福州，乌鲁木齐						
杉杉商业集团	民营企业	杉杉奥特莱斯 杉井奥特莱斯	宁波	11	6	约120	零售
已布局城市	宁波，哈尔滨，郑州，太原（晋中），南昌，赣州，衡阳，兰州，乌鲁木齐，沈阳，贵阳						
筹备城市	深圳，徐州，南宁，西宁，太原，天津						
首创钜大有限公司	国有企业	首创奥特莱斯	北京	13	1	约140	地产
已布局城市	北京，湖州，昆山，南昌，合肥，杭州，武汉，西安，重庆，郑州，济南，南宁，青岛，昆明						
筹备城市	厦门						
王府井集团	国有企业	王府井奥莱 赛特奥莱 燕莎奥特莱斯	北京	12	2	约100	零售
已布局城市	北京、西安，沈阳，天津，呼和浩特，郑州，昆明，银川，长春						
筹备城市	太原，西宁						
百联股份	国有企业	百联奥特莱斯	上海	9	0	约90	零售
已布局城市	上海，武汉、无锡、南京，济南，长沙，杭州，青岛						
筹备城市	暂未公布						
RDM Asia	外资企业	佛罗伦萨小镇	上海	7	0	约60	零售
已布局城市	天津，上海，佛山，香港，武汉，成都，重庆						
筹备城市	暂未公布						
华南城控股	民营企业	华盛奥特莱斯	深圳	8	0	约75	地产
已布局城市	深圳，南宁，郑州，重庆，西安，哈尔滨，南昌，合肥						
筹备城市	暂无						
湖南友谊阿波罗股份有限公司	国有企业	友阿奥特莱斯	长沙	5	0	约30	零售
已布局城市	长沙，天津，岳阳						
筹备城市	暂未公布						
春竹集团	民营企业	下沙奥特莱斯 枫叶小镇奥特莱斯	上海	3	0	约50	零售
已布局城市	杭州，哈尔滨，济宁						
筹备城市	暂无						
深圳市八号仓商业控股有限公司	民营企业	8号仓奥特莱斯	深圳	2	2	约12	零售
已布局城市	深圳						
筹备城市	广州，重庆						
粤海集团	国有企业	天河城奥特莱斯	广州	3	0	约15	零售
已布局城市	广州						
筹备城市	暂无						
Value Retail	外资企业	比斯特购物村	上海	2	1	约10	零售
已布局城市	苏州，上海						
筹备城市	成都						
香港华镫集团	港资企业	时代奥特莱斯	香港	2	0	约20	零售
已布局城市	成都，长沙						
筹备城市	暂无						
香港新沣集团	港资企业	尚柏奥特莱斯	香港	2	0	约20	零售
已布局城市	沈阳，厦门						
筹备城市	暂无						

第三章
奥特莱斯与城市的发展

作为典型的郊区型商业业态，在过往的20年中，笔者见证过诸多以一己之力带动一片区域商业繁荣的经典案例，如位于上海青浦赵巷的百联奥特莱斯广场（上海·青浦）。2006年百联奥特莱斯广场（上海·青浦）开业之初，位于上海西郊的青浦区在当时的整体发展情况一般，作为首批进入区内的大型零售企业，百联奥特莱斯广场（上海·青浦）极大地拉动了当时青浦区的第三产业发展，带动了相关服务和配套产业的关联发展，对青浦区的产业结构优化起到了非常重要的作用，其良好的经营情况极大地提升了青浦区财政收入及税收，增加了就业机会。加上“名品+折扣”对于消费者的吸引力，百联奥特莱斯广场（上海·青浦）与周边的其他配套商业逐步成为青浦区的重要商业中心，对拉动青浦区整体零售的发展均起到了重要的推动作用。由于对地方经济建设的贡献，百联奥特莱斯广场（上海·青浦）得到了当地政府的诸多支持，共同发展也成为我国奥特莱斯项目推动地方经济建设的重要方式。

2012年正式开业的百联奥特莱斯广场（武汉 · 盘龙）是我国首个以“奥特莱斯+住宅”为合作基础并取得巨大成功的项目，该项目位于武汉西北部的黄陂区，由上海百联集团股份有限公司与福建纵横投资实业集团有限公司（简称“纵横集团”）共同打造。据介绍，该项目筹备前期，项目地块周边区域几乎属于“荒无人烟”的状态，且目标地块距离市中心近40公里，公共交通极不便捷，唯一的利好条件只有距离武汉天河机场较近，从机场高速出入口到此较为方便。单纯从住宅的角度出发，很难实现资金的快速回笼。参考百联奥特莱斯广场（上海 · 青浦）的成功经验，在团队的共同努力下，百联奥特莱斯广场（武汉 · 盘龙）开业当年即取得了优异的成绩，最初纵横集团希望通过引入奥特莱斯业态来提升住宅部分的溢价的目的也快速达成。在为住宅地产加持的同时，百联奥特莱斯广场（武汉 · 盘龙）作为黄陂区仅有的零售商业，通过百联股份丰富的资源以及项目团队的精心打磨，不仅提升了黄陂区第三产业的发展速度和就业水平，同时作为黄陂旅游业的桥头堡项目，扮演了重要的角色。关于奥特莱斯业态推动一个区域零售商业乃至第三产业的发展或为地产赋能的案例在我国其他城市还有很多，此处不完全展开。

不难发现，综合型奥莱业态在城市近郊的成功运营给郊区商业地产发展注入了强大的动力。百货、购物中心等业态往往对于地理位置的要求都很高，而相比之下，奥特莱斯对于地理位置的要求则没有那么苛刻，加上城乡一体化建设的驱动，“造城”成为2010年前后我国房地产行业重要的发展方向，各地政府为积极响应和加速推进城乡一体化建设，给予大量的优惠和扶持政策，为投资者创造良好的投资环境。我国知名的商业地产运营商万达集团就是在这个时间段获得了高速的发展。而对于一些纯粹的住宅地产开发商而言，对地理位置“不挑食”的奥特莱斯业态则成为城乡一体化建设大潮中重要的选择对象。

由于此前大量奥特莱斯取得了巨大成功，奥特莱斯对城乡一体化建设进程起到了积极的推进作用，加之奥特莱斯作为新兴商业业态的代表，且政府希望招商引资而开发商希望借此筑巢引凤，因此市场对于奥特莱斯业态的需求进入一个急速膨胀的阶段，这也促使奥特莱斯快速进入了高速发展期和混乱期。

一、常见的奥特莱斯合作模式

虽然奥特莱斯最初作为正价商业的衍生业态，主要的功能是处理品牌商的库存商品，但就其区位与经营性质而言，对于运营者的要求往往远高于传统百货业态和购物中心业态，加上前期我国奥特莱斯的整体发展速度相对较慢，专业人才的培养和市场容量相对较小，因此除了自身拥有较强的零售管理团队和经验的零售型企业外，住宅开发型企业无论是商管团队还是招商团队，都缺乏经验和人才，要想在奥特莱斯业态上有所突破，存在巨大的风险和困难。而在这个过程中，奥特莱斯业态往往又是住宅地产开发商满足拿地政策的有力工具，在这种特殊需求的背景下，产生了一些不规范操作甚至是带有欺诈性的行为。这个过程中住宅地产投资商投资奥特莱斯业态的主要方式有如下几种：

①奥特莱斯品牌授权或品牌输出。这里说的奥特莱斯品牌授权或者说品牌输出指的是某奥特莱斯企业将自己的品牌以某个价格租借给开发商使用一定的年限，年限到期后双方可以视具体的合作情况决定是否继续保持合作关系。比如2009年，百联股份以品牌输出合作的方式与春竹集团合作创办了浙江海宁的杭州百联奥特莱斯（现已更名为下沙奥特莱斯），合作期结束后，双方未再签订继续合作的协议。对于新进入奥特莱斯行业的非零售企业而言，通过这一类的品牌输出合作模式，不仅可以最大化保留对于该项目的控制权和长期收益权，还能够通过此举快速获取项目的成

功。当然，未来合作期结束后，自身的管理团队是否能够顺利完成管理权的过渡则显得更为重要。下沙奥特莱斯显然是这类模式最成功的案例。

关于奥特莱斯的授权问题，需要在这里多说一些。由于早期奥特莱斯整体发展较为缓慢且不均衡，加上2010年之前国内主流媒体对奥特莱斯的关注甚少，大量开发商对于奥特莱斯的认知仅停留在“品牌”而不是“业态”上，也正是因为存在信息差，某些企业在境内或者境外注册某奥特莱斯集团，通过这个集团堂而皇之地非法向开发商授权奥特莱斯的资格以谋取暴利。

②与国内在营的奥特莱斯企业一起以合作、合资和租赁的方式涉足奥特莱斯业态，上文提及的百联奥特莱斯广场（武汉·盘龙）就是经典的案例。地产商给予奥特莱斯相对优惠的条件，由具备经验与实力的奥特莱斯运营方全权负责奥特莱斯项目的招商和运营，通过成功运营奥特莱斯业态提升其住宅部分的商品价值，以“算大帐”方式进行收益的整体评估。这一方案也是目前我国奥特莱斯企业与地产开发商成功合作的重要方式之一。

③通过聘请有丰富奥特莱斯从业经历的人员或其他零售业态的高管，组建自己的商业管理公司和团队。这一类型在早期奥特莱斯业态发展过程中也比较常见，由于早期我国奥特莱斯业态的发展还处在相对初级的阶段，因此对于“跨界”进入奥特莱斯行业的零售从业者而言，通过借鉴与交流，基本上能够达到预期的经营目标。

④聘请第三方商管团队（奥特莱斯运营服务商）替代自建团队。这里所指的第三方商管团队专指独立的商管公司，其主要为地产商提供专业的奥特莱斯运营管理服务，对奥特莱斯从立项到招商，再到后期的项目运营提供专业建议，根据不同的发展阶段收取固定或其他形式的报酬。根据过往的经验，这一类型的公司通常分为两种，一种是此前曾经长期服务过国内外某些知名的零售企业，在业内也拥有好口碑和资源，团队的优势通常会覆盖项目规划、招商和运营以及营销等不同阶段，这一类型的服务商是

专业的，且服务费相对比较高。还有一种公司也比较常见，其自身的服务团队往往并没有涉足过奥特莱斯业态，但基于奥特莱斯业态的整体发展趋势和房地产行业对于奥特莱斯的深度需求，其通过塑造并美化自身公司的战略愿景和实力，以授权或合作等方式与开发商达成“各取所需”的合作关系。由于该类企业没有成功的案例，在奥特莱斯的规划、招商以及运营等领域缺乏实力和资源，在双方后期的合作中，为了达成前期约定的协议，往往会采用一些非常规的手段，而这些非常规的手段可能导致项目后续的搁浅或烂尾。

二、关于奥特莱斯投资建设的优劣势分析

目前我国市面上奥特莱斯运营商在拓展的过程中，对于土地的选择通常会分为以下几种情况。

①重资产模式。重资产模式的核心是土地的开发权和使用权，关注的是土地以及商业项目的中长期溢价和收益。就奥特莱斯而言，可以理解为奥特莱斯的投资商（即土地使用权的所有者）与奥特莱斯的经营者均为一家公司。奥特莱斯运营企业需要通过土地的“招、拍、挂”，奥特莱斯的土建以及后期的运营来实现项目的土地增值以及运营收益。重资产模式要考验投资者的选址能力、对土地成本的控制能力、对现金流的把控能力、融资能力及对奥特莱斯项目的招商运营管理能力，对于投资者的软硬实力要求也较高。目前我国经营奥特莱斯的连锁企业，均不同程度地涉及重资产模式，比如首创钜大旗下的15个奥特莱斯项目均为重资产项目。对于以重资产模式为主的奥特莱斯连锁运营商，融资渠道是否通畅则显得尤为重要。我国市场不动产投资信托基金（REITs）制度是盘活重资产的重要融资工具。

除全资项目外，还有另一种形态，即开发商与奥特莱斯运营商共同成立合资公司，公司持有奥特莱斯所有权和享受奥特莱斯地产和运营的长期收益。杉杉商业集团旗下已开业的奥特莱斯项目中，大部分为此类型的重资产合作项目。

②轻资产模式。中国的商业地产市场早已步入存量市场，2016—2020年，商业营业用房开发投资完成额持续下降，在市场供过于求的矛盾下，去库存是主要基调。从资产财务角度来看，相比于住宅地产，商业地产的投资更大、回报周期更长，对于资金的依赖更强，现金流难以得到保障，长周期开发资金链容易断裂，加上目前的融资压力越来越大，重资产模式难以满足促进商业地产快速发展的要求。因此，更多的商业地产运营商和奥特莱斯运营商将主要的拓展方式聚焦在轻资产模式上，利用自身品牌力与成熟商管体系对外输出，以带动商业项目运作，用较少的资金和团队来撬动一个商业地产项目，在扩大品牌影响力的同时，推动商业地产的发展。与此同时，相对于重资产模式冗长的拍地和建设周期，轻资产模式在拓展的过程中选择更多，灵活性更强，占用资金量更少，在运营商快速扩张的过程中，有诸多的好处。近两年，以砂之船控股为代表的奥特莱斯运营商在轻资产模式上获得了快速的发展。加上自2021年起，国家加强了对地产行业强有力的资产管控，轻资产模式也成为众多商业地产运营商的首要拓展方式。

③租赁模式。目前我国奥特莱斯的租赁模式主要有两种。

第一种是由奥特莱斯运营商向物业持有方（地产开发商）打包整体租赁，通常来说，大多数物业持有方在没有深度合作的情况下，更愿意以这样的方式与奥特莱斯运营商合作，优点是双方在租金的核算方式上相对简单，优秀的奥特莱斯运营商一旦进入，能够最大限度地提升该物业以及周边物业的商业价值，缺点是物业持有方无法享受奥特莱斯项目营运所带来的价值。由城区内传统百货转型升级的城市型奥莱的物业关系也存在大量的租赁关系，不同的是，这一类“续租”的合作关系在租金问题上，并不完全参考前一种方式的租金计算方式。相比之下，前一种纯租关系是以利用奥特莱斯撬动整体物业的商业价值或满足区域第三产业的配套要求为主，而后一种租赁方式则更多是以盘活存量物业为主。

第二种是由物业持有方与奥特莱斯运营商按照出资比例成立合资公司，由合资公司向物业持有方整体租赁商业项目，这种租赁模式可以看作是重资产模式与租赁模式的结合体，对于奥特莱斯运营商而言，尽管后期的收益相对单纯的租赁模式较低，但前期的投入量也相对较低，在租金的具体额度上，双方具有很大的磋商空间，与此同时，运营过程中运营商在与物业持有方的资源互通和流量共享方面有很强的优势。对于物业持有方而言，除了物业的商业溢价以及租金带来的收益，后期运营所产生的利润也是其重要的回报。合资公司还可根据商业项目的经营情况在后期决定是否向物业公司收购该商业物业，以获得该物业的长期使用权和商业物业溢价的收益权。

三、奥特莱斯筹建资金的主要来源

奥特莱斯的投资与建设，大致会涉及前期的土地“招、拍、挂”，中期的建设与招商以及后期的运营几个阶段，想要保证项目的顺利开业就必须有充足的资金，这也是所有商业地产“前期投入大，投资回报周期长”的共同特点。要保障良好的现金流，融资渠道和成本控制就显得尤为重要，这里简单分享我国奥特莱斯的主要资金获取方式以及融资渠道。

1.国内贷款

国内贷款的主要途径包括银行贷款和非银行贷款，银行贷款主要是通过银行的开发贷、并购贷、经营性物业贷、流动资金贷等方式向银行借款。非银行贷款则主要是通过信用社、保险公司、金融信托投资公司、证券公司等渠道借款。目前，我国奥特莱斯主要贷款形式是银行贷款、金融信托以及资产证券化等。

2.自筹资金

自筹资金包括自有资金、股东投入资金以及借入资金三种方式。

①自有资金包括企业折旧资金、未分配利润、企业盈余公积金、发行股票等。

②股东投入资金主要是从股东处融入的资金，股东资金来源于非金融机构贷款、各级财政资金及外资等。

③借入资金是从其他单位（不包括股东）筹集的资金，包括非财政资金、贷款和外资。

3.预售资金

预售资金多存在于地产开发商的企业类型中，这一类企业通过（部分）商业物业的前期销售快速回笼资金，达到融资的目的，相比于借款和贷款等方式，这一融资方式的融资成本更低，这也是大多数开发商最热衷的筹集资金的方式。但对于投资者而言，这种方式相对以上两种方式，在后期运营时会存在巨大纠纷隐患。

①开发商为了快速回笼资金，在对投资者的宣传中可能掺杂不实甚至虚假信息，当物业交付时，实际商品与最初的广告宣传内容大相径庭。在过去的20年里，我们看到过最多的就是“做奢侈品房东”的宣传口号，一些开发商用这些极具诱惑力的用词诱导投资者。当然，为了吸引投资者的青睐，开发商不仅仅在广告上下足了功夫，还为了兑现对投资者“做奢侈品房东”的承诺，通过自采的方式引入奢侈品，而这种情况的出现，一边导致与奢侈品母公司产生知识产权纠纷，另一边也滋养了大量非常规渠道的奢侈品采购公司。这种通过非正规渠道采购奢侈品的方式，很大程度上仅仅是开发商为了应付对投资者的交付承诺而采取的一种手段，后期这种类型的商业项目多半会以烂尾或者关停为结果，因此即便投资者拿到了完整的物业，但开发商给出的投资回报承诺几乎是一纸空谈。

②产权和管理权纠纷。由于投资者购买的物业基本上都属于期房，中途是否会因为开发商资金链断裂而使开发停摆或者因为其他因素未能取得预售资质，从而致使投资者无法合法获取该物业的使用权和产权，即便开发商顺利完成项目的开发，在交付的同时也可能会将物业的管理权以不同的方式出让给物业管理公司或者其他类型的服务公司，投资者在后期若出现产权纠纷或者管理权纠纷，维权通道很难被打通。这类问题在中小型的开发企业中时有发生。

当然，有关融资的问题还有诸如上市等渠道，但目前我国奥特莱斯业态的投资者在解决资金问题时，主要还是采用以上几种方式。

四、奥特莱斯失败的主要诱因

不可否认的是，我国奥特莱斯在20年的发展历程中，其高速的增长的确非常吸引人的眼球，也引发了广泛的社会关注并成为各类型企业和资本追逐的对象，但上文中也提到了，奥特莱斯无论在招商还是运营方面，对于管理团队的要求相对于传统百货和购物中心来说要略高，也正因如此，奥特莱斯并非零售行业的一剂灵丹妙药，拿来即可用。根据过往发生的真实案例，归纳出以下几点导致奥特莱斯夭折的根源性诱因。

1.以奥特莱斯为幌子，勾兑其他利益

作为近年来商业零售的生力军，奥特莱斯总体呈现出高增长的态势，在高增长的刺激下，多数企业都希望搭上奥特莱斯的“顺风车”。奥特莱斯作为典型的郊区商业和舶来品，在我国经过20年的创新发展已呈现独特的魅力，对于推进城镇一体化建设发挥着极其重要的作用。因此，众多开发商在以上利好条件的刺激下，纷纷打出“奥特莱斯牌”，但其中多数企业的目的并不在于发展奥特莱斯本身，而是希望以奥特莱斯作为招牌，

提升物业价值和投资者的关注度。然而，在项目的实际推进过程中，一旦开发商实现自己的目标，奥特莱斯项目在很大程度上就会无疾而终。

2.对奥特莱斯的预估偏差，导致资金链条断裂

由于成功的奥特莱斯往往有非常漂亮的数据，在众多商业体难以为继的情况下，选择转型奥特莱斯的例子不在少数。但是奥特莱斯无论是在商业定位、项目养成期上，还是在资金投入量上都相对较大。数据看上去很漂亮的奥特莱斯其实更需要投资者在投入前进行较好的资产评估和投资回报评估。然而，受到奥特莱斯众多利好条件的吸引，很多投资商在主观意识上回避了对奥特莱斯的评估，或者说对奥特莱斯的整体评估产生偏差，不重视奥莱专业机构的专业意见，在后期容易出现资金链断裂的现象，从而导致项目难产，这种现象有很多。

3.品牌资源匮乏，招商工作难以展开

品牌资源匮乏有三个层面：第一个层面是目前众多投资商过度追求国际品牌，众多国外品牌对于进驻奥特莱斯有较强的指标性和周期性，从而导致众多过度追求国际品牌的项目在招商工作上无法展开。第二个层面则是由于目前国内奥特莱斯项目开发过快，品牌商在选择项目时，会受到例如城市级别、项目品质、团队管理能力以及其他主观考虑的因素的影响；尤其是在同一城市拥有多个奥特莱斯的情况下，往往会出现“恶性”的品牌抢夺战，导致品牌“身价”水涨船高，从而导致招商工作进度减慢或成本过高。第三个层面则是项目自身的招商团队，笔者发现目前大多数成熟的奥特莱斯项目，以及部分新开业的项目，其管理团队在品牌资源、品牌组合甚至是品牌号召力等方面均非常出色，而如果团队缺乏这些资源，项目的招商工作进展基本上是可想而知的。

4.缺乏专业的管理团队和耐心，项目进展紊乱

奥特莱斯在我国已经不能算是新业态了，但是纵观奥特莱斯在中国的发展历程会发现，2006—2008年是中国奥特莱斯真正开始成长的时期；

2010年之后，是中国奥特莱斯整体爆发的阶段。但无论是作为投资商，还是作为传统零售商，奥特莱斯的专业人才都相当匮乏。截至目前，国内主流的奥特莱斯企业中，绝大多数企业都有传统百货背景或牵手传统百货企业的情况。而对于其他涉足奥特莱斯的企业，专业团队的缺乏将成为整个项目的致命伤。同时，在部分项目进展过程中，由于持续投入而未实现产出，投资商失去对管理团队的耐心，频繁更迭管理团队，这也在很大程度上导致了项目运营商的混乱，项目延期或难产也就成为必然结果。这也正是因为看到奥莱行业的人才痛点和瓶颈，笔者于2017年开始筹备奥莱领秀商学，希望通过前辈言传身教、学员系统学习，不断推动中国奥莱的创新发展。

5.物业的产权分散导致后期经营出现问题

对于奥特莱斯的产权认知多以投资商自己持有为主，尽管散售型的物业对于投资商的资金回笼、资金周转率和经营风险都有较好的保障，但如果散售范围过大，那么整体物业的经营权在很大程度上会受到业主方面不同程度的干扰，当投资者的实际收益达不到预期，或实际收益远小于市场同期水平时，业主与经营方之间极有可能就投资回报率产生不一致的意见或者纠纷，从而导致经营方对于产权的不可控，最终有可能“逼迫”项目走向关停的命运。

6.“换汤不换药”的转型

在过去很长一段时间里，奥特莱斯成为存量资产转型升级的主要路径，但奥特莱斯与其他商业业态在经营和管理上存在着巨大的差异。很多转型的项目仅仅是将原有的商场换了一个奥莱名字后继续经营，但经营模式和合作模式并没有发生变化，这种“换汤不换药”的转型或升级，本质上是对奥特莱斯的认知缺失，拿着旧地图是找不到新大陆的，项目最终也难逃失败的命运。

第四章 奥特莱斯在我国七大区域的发展

一、我国七大区域奥特莱斯发展情况

1.东北地区的奥特莱斯发展情况

我国奥特莱斯在20年的发展进程中，区域分布不均，项目同城化是行业的发展特征。然而，在开发商扎堆于热门大城市，奥莱数量渐趋饱和的当下，东北地区的商业土壤逐渐呈现出开发潜力和商机。回顾国内奥莱的发展史，东北地区作为首批引入奥莱行业的地区之一，2006年至今共有14家奥莱，虽然在数量上与华东、华北地区不可相提并论，但是2021年共有7家奥莱登上中国奥特莱斯年度销售榜单，占该地区奥莱总数的50%，年销售额约为90亿元，从数据上可见，目前东北地区奥莱整体的优质程度位居全国前列（见图4-1、图4-2）。

纵观上述数据，东北地区奥特莱斯的发展呈现出三个阶段：

起步期（2006—2011年）：北京燕莎奥特莱斯在经过培育期后展现

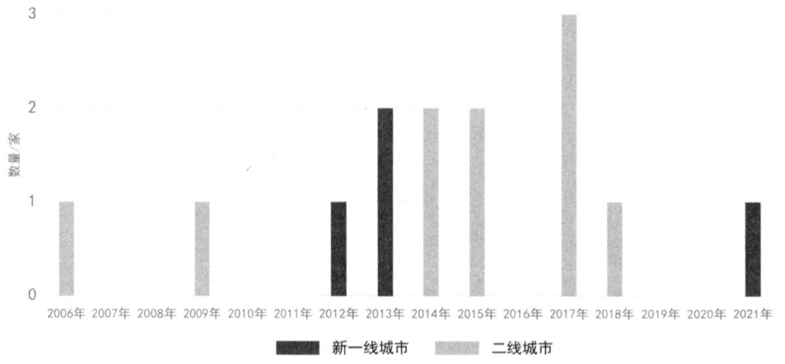

图4-1　东北地区奥莱数量发展状况

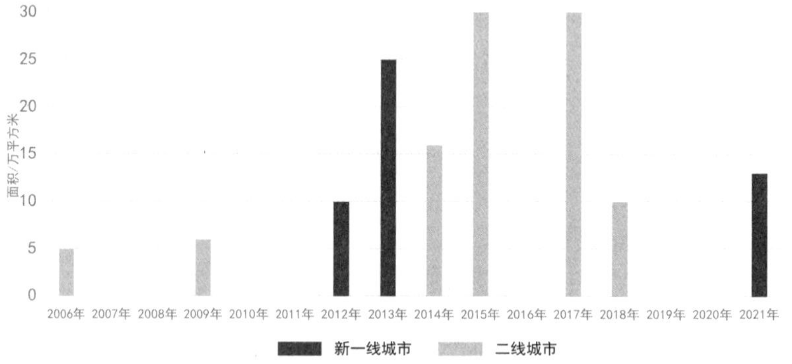

图4-2　东北地区奥莱新增面积情况

出奥特莱斯在国内发展的可行性和生命力，也让首商集团坚定了关于奥莱业态的连锁布局，并将眼光锁定在东北地区，于是2006年哈尔滨华燕奥特莱斯购物中心正式开业。可以发现，在这段时期诞生的奥莱在当地有着百货行业背景并拥有强大的品牌资源，为后续东北地区奥莱的发展树立了良好的样板。然而，由于受到当时的物业建筑吸引力不强、项目体量不大、区域消费力不强、顾客品牌认知度不高等的限制，早期开业的东北地区的奥莱在业绩上未能与同期开业的华东、华北地区的奥莱相媲美。

发展期（2012—2015年）：我国的奥特莱斯经过了整整10年的发展，已诞生了一批优质的奥莱项目，彰显出行业发展潜力，吸引着各类资本的注视，并出现了百花齐放的局面，如港资新沣集团打造的沈阳尚柏奥莱，以百货起家、在北方有着强大号召力的王府井集团打造的沈阳赛特奥莱，沈阳龙头零售企业盛京大家庭打造的盛京大奥莱（原兴隆大奥莱），以服装业起家的杉杉商业集团开发的杉杉奥特莱斯广场·哈尔滨，春竹集团打造的哈尔滨枫叶小镇奥特莱斯，百年城集团打造的大连百年港湾奥特莱斯，以商贸物流起家的华南城集团打造的哈尔滨华盛奥莱。

稳定期（2016—2021年）：我国奥特莱斯出现了明显的连锁化行业发展趋势，连锁奥莱运营商加速发展，将眼光再次投向东北地区，如砂之船集团首进东北，2017年砂之船（中东长春）奥莱开业；王府井集团及杉杉商业集团分别再度拓店，长春赛特奥莱MALL、杉杉奥特莱斯广场·沈阳诞生了。另外，随着存量商业不断增加，可以看出在这段发展时期内，东北地区的奥莱虽然在数量上没有迎来爆发式增长，但在行业连锁化的进程中有望成为未来奥莱选址的一个新方向。

从项目类型上看，目前东北地区的奥特莱斯以综合型为主，2006年至今的14个奥莱项目中，78.57%为综合型奥莱，21.43%为城市型奥莱，从建筑面积上看，这一现状更为明显，综合型奥莱的建筑面积占比超过90%；而城市型奥莱的占比为9.7%（见图4-3）。

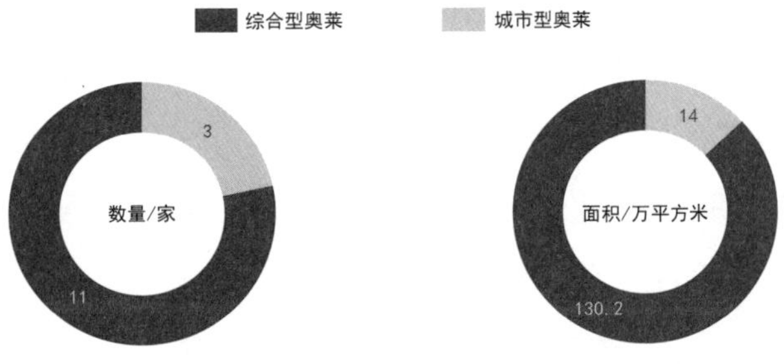

图4-3 东北地区奥莱项目类型占比情况

值得注意的是，在有着充足土地资源的东北地区，奥特莱斯因地制宜的观念得到了充足的延伸。在我国奥莱行业发展的第二个“黄金十年”里，项目的快速扩张已经成为常态，百店一面的同质化现象也逐渐凸显。

如何塑造差异化、如何打造具有本土特色的中国式奥特莱斯、如何从同城的购物中心与百货等竞争业态里突围，成为奥莱不得不面对的现实问题。而东北地区的奥莱似乎早就为行业提供了一份属于自己的答案：哈尔滨枫叶小镇奥莱配备了枫叶小镇温泉度假村；砂之船（中东长春）奥莱拥有超级儿童乐园、电影院、特色餐饮店等特色休闲业态；沈阳尚柏奥莱通过北区新增、南区升级、中区调整的方法，加强亲子儿童、特色餐饮等元素迎合微旅游度假主题，打造有温度的奥莱；外盒子内街区的杉杉奥特莱斯广场·哈尔滨毗邻大学城，具有超市、电影院、餐饮店等配套设施；沈阳盛京大奥莱B区则为类购物中心模式，汇聚了超市、进口家电、百货、餐饮、娱乐等多种业态，C区为拥有400家客房的酒店业态，满足了消费者一站式休闲购物的需求，是中国最早的业态最全的奥莱综合体。

我国奥特莱斯热衷于布局省会城市，这一情况同样延续至东北地区。从奥莱的城市类型分布上看，在东北地区的14家奥莱中，分布在新一线城市的有4家，占比28.57%，分布在二线城市的共有10家，占比71.43%，而三线及以下城市暂时没有诞生出奥莱项目。从具体城市分布上看，除大连的两家外，其余12家项目均扎根在省会城市，哈尔滨、长春、沈阳各有4家，东北省会城市的奥莱数量整体呈现出均匀分布的状态。从建筑体量上看，由于长春整体项目开发时间较晚，哈尔滨项目整体较早开业，沈阳新增杉杉奥特莱斯广场·沈阳，沈阳赛特奥莱和沈阳尚柏奥莱双项目二期陆续开业，所以沈阳地区的奥莱体量目前属东北之最。

东北地区头部奥莱项目简介（见表4-1）。

表4-1　东北地区头部奥莱项目简介

项目	城市	2021年销售额/亿元
杉杉奥特莱斯广场·哈尔滨	哈尔滨	超过20
沈阳盛京大奥莱	沈阳	超过20
沈阳赛特奥莱	沈阳	超过10
哈尔滨枫叶小镇奥莱	哈尔滨	超过10
砂之船（中东长春）奥莱	长春	超过10
长春赛特奥莱MALL	长春	超过10

（1）杉杉奥特莱斯广场·哈尔滨

杉杉奥特莱斯广场·哈尔滨（见图 4-4）整体注重景观及建筑的和谐统一，景观环境设计汲取木、石、花、叶、水五大自然元素为设计灵感，营造时尚与自然共生的新购物氛围，同时兼顾哈尔滨当地气候特色，率先提出并做到在东北地区采用带顶封闭式设计，带给消费者四季恒温、舒适如春的购物体验。

图4-4　杉杉奥特莱斯广场·哈尔滨

（2）沈阳盛京大奥莱

秉持着“中国奥特莱斯+”的理念，沈阳盛京大奥莱（见图4-5）致力于成为“城市人民的大客厅”，聚焦于满足全城消费者多种多样的消费需求。沈阳盛京大奥莱B座汇聚超市、进口家电、百货等业态，精细地挖掘了本地客群多种多样的基本生活需求，满足了日常家庭的购物需求，是中国最早、业态最全的奥莱综合体。

图4-5　沈阳盛京大奥莱

（3）**沈阳赛特奥莱**

沈阳赛特奥莱（见图4-6）坐落在风景秀美的棋盘山风景区，项目总占地面积12.5万平方米，拥有1000余个停车位。沈阳赛特奥莱精心打造了精致的北欧式奥莱商业街道，令人们仿佛瞬间由沈阳近郊进入浪漫的北欧小镇；众多国际知名奢侈品牌商铺紧密相连，形成一个集购物、文化、餐饮、娱乐于一体的奥莱综合体。

图4-6　沈阳赛特奥莱

（4）**哈尔滨枫叶小镇奥莱**

有着纯粹意大利托斯卡纳建筑风格的哈尔滨枫叶小镇奥莱（见图4-7），坐落于哈尔滨市松北区，是哈尔滨首家欧陆小镇式奥特莱斯，项目集购物、休闲、娱乐、旅游等多种功能于一体。这座独具意式魅力的小镇，使冰城文化与欧洲风情相得益彰、休闲度假与名品购物有机融合。

图4-7　哈尔滨枫叶小镇奥莱

（5）砂之船（中东长春）奥莱

作为砂之船集团在全国布局的第7家奥莱，秉承着“A×(1+N)×DT”的商业模式，砂之船（中东长春）奥莱（见图4-8）为4层单体建筑，配有生活超市、尚品家纺、家电数码、生活家居等多样化业态店铺，为市民提供一站式生活购物体验。

图4-8　砂之船（中东长春）奥莱

（6）长春赛特奥莱MALL

长春赛特奥莱MALL（见图4-9）是由王府井集团与远洋集团强强联手，全力打造的具有地标性的，集购物、餐饮、文化、休闲、娱乐于一体的商业综合体。作为赛特奥莱2.0升级版，长春赛特奥莱MALL创新性地提出“奥莱MALL”概念，汇聚200余家知名品牌，秉承“大品牌、小价格”的经营理念，为消费者提供一站式的全新购物体验。

图4-9　长春赛特奥莱MALL

综合上述数据，东北地区的奥特莱斯在中国历经16年的淬炼，虽然在项目数量上与热门大区域相比稍有逊色，但其诞生出了一批优质的奥莱。作为连锁化程度较高的大地区，由于有着充足的土地资源，在奥特莱斯同城化的大趋势中，东北地区的奥莱项目擅长结合自身的定位与资源，打造出丰富的配套业态，为项目塑造自身的品牌烙印和商业特色。我国东北地区在中华人民共和国成立后经历过长达数十年的辉煌，虽然随着互联网经济的发展，东北地区的经济和人口在一定程度上出现了衰退的迹象，但《东北全面振兴“十四五”实施方案》的通过与执行，有望进一步激发东北地区的商业潜力，展望未来，这将成为国内奥莱选址布局的一条新出路。

2.华北地区的奥特莱斯发展情况

放眼全球，中国奥特莱斯在各大经济体中发展时间相对较短，但就在这短短20年之间，我国奥特莱斯无论是在规模、模式，还是在创新领域均超越了欧美等发达国家。随着经济全球化的推进以及未来消费全球化的不断演变与升级，我国奥特莱斯在多样化、多元化发展领域的探索与创新都将为全球奥特莱斯的发展提供积极的参考意义。作为首先涉足奥莱业态的华北地区，在多年的行业创新与商业洗礼中，已出现了一批国内知名的优秀奥莱项目，见图4-10和图4-11。

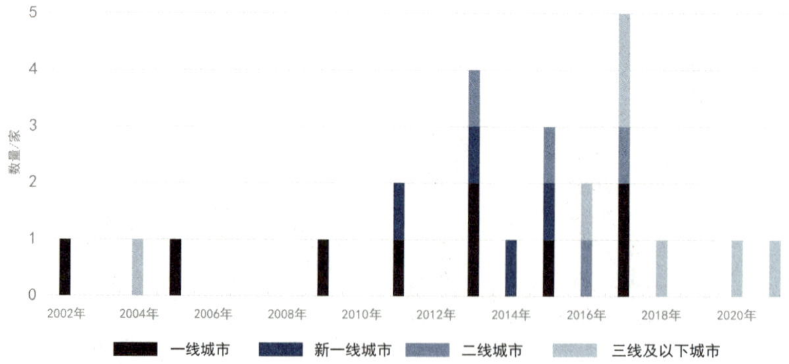

图4-10 华北地区奥莱数量发展情况

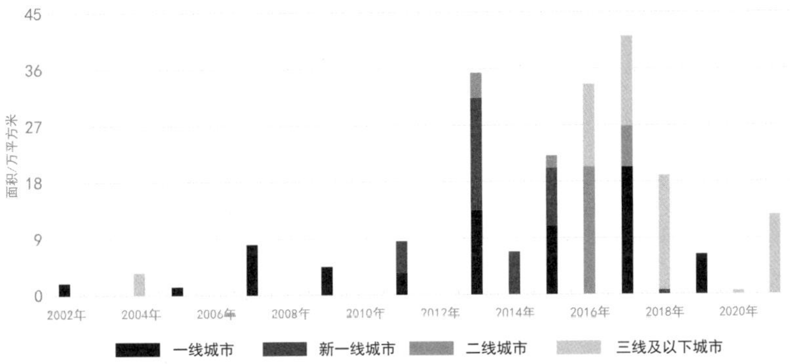

图4-11 华北地区奥莱新增面积情况

纵观上述数据，华北地区奥特莱斯的发展可以分为两个阶段：

初步探索期（2002—2011年）：自全国第一家奥莱在华北地区诞生后，紧接着上品折扣、王府井、斯普瑞斯、RDM Asia等开始进行奥特莱斯的布局，并成就了业内多家“第一”的优秀项目；上品折扣率先探索城市型奥莱业态；王府井借助丰富的百货资源和运营经验，打造出首家华北地区小镇式奥莱；2011年开业的斯普瑞斯奥特莱斯则创新地采用西班牙新古典建筑风格，在成立时就高举品牌年轻化、定位家庭化的时尚潮流大旗，在北京地区连锁奥莱林立的基础上，打造出差异化欧式风格购物公园，给人们带来惊喜。

高速发展期（2012—2020年）：进入我国奥特莱斯发展的第二个“黄金十年”后，华北地区奥莱的总体增长数量和新增商业面积明显提高，并以北京为发展核心向外扩散至山西、河北、内蒙古等地。以友阿股份、杉杉商业集团、衣恋集团为代表的连锁奥莱成功进入华北市场。除了新项目的入场加持外，华北地区奥莱新增面积随本土奥莱相继踏入连锁化之路和开辟二期项目而不断提升。如2013年北京首创奥莱一期商业面积为10.7万平方米，2019年项目二期则新增了6.3万平方米；二期开业后斯普瑞斯奥特莱斯商业面积达8.5万平方米，佛罗伦萨小镇·京津名品奥特莱斯则通过四期开业稳步拓展，商业面积达9万平方米。

奥特莱斯起源于美国，我国在奥莱行业的发展初期，由于缺乏本土运营经验，所以基本是以“借鉴模仿”为主，正如绝大多数人印象中的一样，提及奥特莱斯，首先想到的便是异域风情的欧式或美式建筑，从项目选址、建筑形态、业态分类，再到经营管理，一个个国外经典的奥特莱斯项目被“搬”回国内，因此，与华东地区的奥莱经营情况相比，华北地区综合型奥莱的占比和商业面积均明显大于城市型奥莱。早期华北地区的奥特莱斯以在郊区选址的综合型奥莱为主，基本上沿用了欧美奥特莱斯的业态组成及配比的方式。

华北地区以综合型奥莱为主导（见图4-12），但在长时间的发展中可以发现，城市型奥莱具有强大的发展动能。城市型奥莱位于城市中心或新兴的商业地段，在2012—2020年的黄金发展时期里，华北地区陆续诞生出7家城市型奥莱，随着消费市场的成熟以及这种新业态在中国市场的推广与普及，奥特莱斯的核心价值被进一步认知和接纳，区位选址与建筑型态的束缚也就被打破。

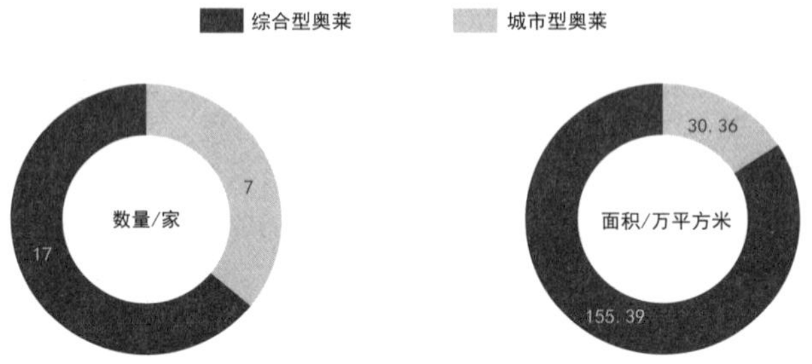

图4-12　华北地区奥莱项目类型占比情况

从城市等级划分上看，北京作为我国奥特莱斯的发源地，是最为活跃且发达的地区，也是国内单点城市型奥莱数量最多、奥莱产值最高的城市。另外，随着一线城市租金上涨和人力资源成本上升等，2011—2015年，行业掀起了开发新一线城市天津市场的热潮，自RDM Asia首家奥莱项目落成后，首商股份、友阿股份等以百货业起家的运营商选择在天津走上奥莱连锁化之路。紧接其后，随着奥莱抢占省会城市风潮的兴起，太原、石家庄两个省会城市先后出现了奥莱业态。

热门地区分析：京津冀地区位于中国环渤海心脏地带，是中国北方经济规模最大、最具活力的地区，越来越引起中国乃至整个世界的瞩目。奥莱领秀（广州）传媒的数据显示，京津冀地区目前整体奥莱业绩位列各大经济圈第二，受到奥莱整体规模的影响，在数量上仅次于长三角地区。根据2020年中国奥特莱斯全年销售排名，目前跻身全国前五的项目中，京津冀占据3家。

华北地区头部奥莱项目简介见表4-2。

表4-2　华北地区头部奥莱项目简介

项目	城市	2021年销售额/亿元
佛罗伦萨小镇·京津名品奥特莱斯	天津	超过40
北京首创奥特莱斯	北京	超过40
北京燕莎奥特莱斯购物中心	北京	超过30
八达岭奥莱	北京	超过30
天美杉杉奥特莱斯广场·晋中	晋中	超过30
北京赛特奥莱	北京	超过20
北京斯普瑞斯奥莱	北京	超过10
石家庄北国奥莱小镇	石家庄	超过10

作为中国商业经济最发达的地区，华北地区的头部奥莱同样表现出色，从2021年中国奥特莱斯年度销售榜单上可以看出，在全国头部奥莱中，华北地区共有8家奥莱登榜，2021年销售业绩总量突破200亿元大关。

（1）佛罗伦萨小镇·京津名品奥特莱斯

作为RDM Asia集团在中国投资的首个佛罗伦萨小镇项目，佛罗伦萨小镇·京津名品奥特莱斯（见图4-13）是中国领先的纯意大利风格的大型高端名品折扣中心和休闲文化中心，设有奢侈品、国际名品、运动和户外以及休闲四大特色购物主题体验区，佛罗伦萨小镇·京津名品奥特莱斯目前拥有近200家意大利顶级奢侈品牌和国际国内优质时装品牌，提供给消费者多层次的品牌选择。

图4-13　佛罗伦萨小镇·京津名品奥特莱斯

（2）北京首创奥特莱斯

北京首创奥特莱斯（见图4-14）是目前华北地区面积最大的奥特莱斯，2013年5月一期开业，2019年5月二期开业，商业总体建设规模17万平方米，距北京市中心30公里。共有300余家店铺、500余个品牌、4000个停车位，项目是以奥特莱斯品牌折扣店为核心，集休闲娱乐、儿童体验、宠物、百货、餐饮美食、社区服务于一体的综合型奥莱。

图4-14　北京首创奥特莱斯

（3）北京燕莎奥特莱斯购物中心

北京燕莎奥特莱斯购物中心（见图4-15）是我国第一家奥特莱斯，于2002年12月18日开业。该奥莱位于交通便利的北京市朝阳区东四环南路，由A、B、C三座组成。在对中国消费市场进行客观分析的基础上，项目引进并建立了以男装、女装、运动休闲产品、高尔夫系列产品、皮鞋皮具、钟表眼镜、童装、家居产品为主的、各具市场特色的经营区域和餐饮项目。

图4-15　北京燕莎奥特莱斯购物中心

奥莱领秀（广州）传媒的数据显示，由于华北地区一线城市拥有丰厚的品牌资源，在北京首创奥特莱斯、八达岭奥莱、北京燕莎奥特莱斯购物中心等知名项目销售额稳步提升的同时，乐多港奥特莱斯、上品折扣（来广营店）、上品折扣（回龙观店）则选择了转型的道路。可见商业零售竞争之激烈，这种情况同样侧面反映在未来华北地区新开业的奥莱选址上，非北京的华北地区省会城市成为奥特莱斯业态的新发力点，已知在拟开业的奥莱中，4家均是传统型郊区奥莱，且4家运营商均有运营奥莱业态的丰富经验。

综合上述数据，华北地区是我国奥特莱斯的发源地，也是目前我国奥特莱斯业态最为活跃且发达的地区之一。对北京市场的观察，从侧面反映了华北地区奥莱整体发展虽然较好，但依然存在发展不均衡的现象，未来通过各大连锁奥莱运营商在河北、山西、内蒙古的省会城市的布局，有望为华北地区增添奥莱商业新动力。

3.华东地区的奥特莱斯发展情况

作为目前国内奥特莱斯项目最多、体量最大的地区，华东地区凭着其由稚嫩到成熟的发展轨迹，成为国内奥特莱斯行业发展的风向标，并在一定程度上预示着行业的趋势。奥莱领秀（广州）传媒的数据显示，华东地区的奥莱数量占全国在营奥莱数量的43.54%，成为我国奥莱发展的第一大区域。华东地区奥莱发展情况见图4-16和图4-17。

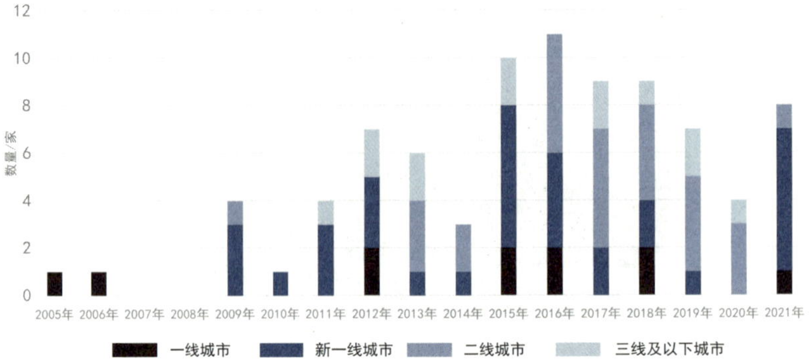

图4-16 华东地区奥莱数量发展情况

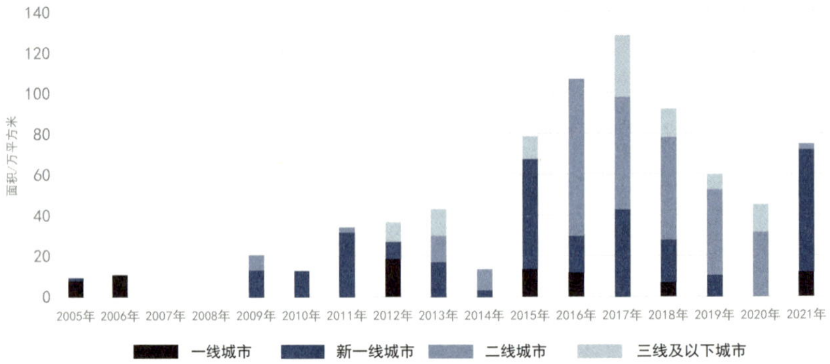

图4-17 华东地区奥莱新增面积情况

纵观上述数据，可以发现华东地区的奥特莱斯发展可分为四个阶段：

萌发期（2005—2010年）：自2005年华东地区首家奥莱开业后，当地市场进入了奥特莱斯行业的探索阶段，其中不乏出色的奥莱项目，代表项目有2014年至今多次蝉联中国奥特莱斯销售冠军的百联奥特莱斯广场（上海·青浦）。

发展期（2011—2014年）：我国首批奥特莱斯在崛起后，引起了越来越多的资本方的注意，诞生了和外资三井不动产合作的杉井奥特莱斯广场·宁波、唯泰集团旗下的比斯特苏州购物村以及衣恋集团旗下的优客城市奥莱等。另外，银泰集团、银座集团、金鹰集团等本土零售巨头纷纷进军奥莱业态。

成熟期（2015—2018年）：华东地区的奥莱进入高速发展阶段，每年开业销售额均超10亿元，呈现出百花齐放的格局，并形成了以百联股份、砂之船控股、首创钜大、杉杉商业集团、RDM Asia、唯泰集团、衣恋集团为代表的连锁化奥莱趋势。同时，由于2016年开业的13个奥莱项目皆处于二线或以上城市，而2017年新开业的11家奥莱项目中有3家处于三线或以下城市，且街区开放式奥莱较多，所以2017年新增奥莱面积超越往年，华东地区的奥莱新增面积在当年出现高峰。

稳定期（2019—2021年）：新开业奥莱增长速度有所放缓，但值得注意的是，在2020年新冠疫情冲击下，华东地区仍然有4家奥莱新开业。

华东地区奥莱项目类型占比情况见图4-18.

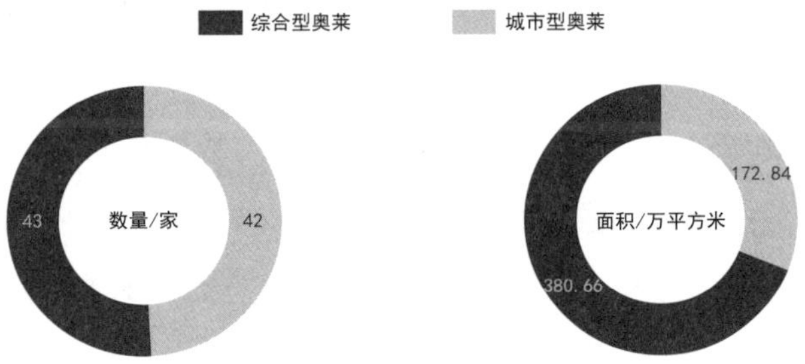

图4-18　华东地区奥莱项目类型占比情况

过去说起奥特莱斯，大家首先想到的是名品、大牌、折扣，其次是远离城市中心的区位。或许正因如此，大家也对奥莱的选址形成了固定思维——奥莱只能存在于城市郊区。然而，随着城市商业的迭代以及品牌资源越来越丰富，城市存量物业升级成为城市型奥莱成为商业红海中“错位竞争”的一大利器。在经济发达的华东地区，虽然城市型奥莱物业面积较小以及租金较高等导致单家奥莱建筑面积相对较小，但城市型奥莱数量达到与综合型奥莱数量持平，表示在成熟的消费环境和激烈的商业竞争中，城市型奥莱已经成为一条存量物业盘活升级的新出路。

随着我国城市化进程的加快，城市的边际效应已经逐渐被模糊，一个城市拥有多个中心已经成为既定的事实。城市型奥莱位于城市中心或新兴的商业地段，优越的地理环境和便捷的交通更符合城市居民的购物需求，同时更有利于知名品牌的入驻，形成聚集效应。城市型奥莱所拥有的商业特质将使得它重新定义城市生活。

奥莱领秀（广州）传媒的数据显示，华东地区城市型奥莱的进程于2005年开启，成为国内最早拥有城市型奥莱的地区。值得注意的是，从整个华东地区来看，2005—2009年以及2011—2013年，在新增的奥莱中，城市型奥莱的开业速度持续大于或等于综合型奥莱，可以说在这两个时期城市型奥莱的发展处于领先地位；而自2014年起，由于连锁奥莱运营商的集体发力，综合型奥莱的发展得到了飞跃的提升。

现在我国的经济发展速度非常快，华东地区众多城市不断崛起，其中很多城市的经济地位再上一个新的台阶。值得注意的是，华东地区二线城市新开业的奥莱数量自2016年至今增长迅速，数量及面积呈现出急速发展的态势，这些奥莱主要分布在合肥、济南、南昌、福州，显示出省会城市所具有的强劲的增长活力。而在寸金寸土的上海，奥莱则呈现出平稳发展状态。

杭州奥莱的数量在华东地区遥遥领先，背后其实有迹可循。经过近十年的发展，浙江经济从过去的双雄并立开始向一超多强转变，杭州经济在互联网时代迎来了一波极大的发展，GDP增速大幅上升。浙江也从传统沿海外贸拉动型的经济结构开始向内需扩张型经济结构转变，以电商和互联网为主要驱动产业的杭州经济显得更加具有朝气。其省会杭州的经济优势越来越大，已经逐渐拉开了和其他新一线城市的经济差距，同时其消费环境和商业格局的升级为奥莱带来了良好的发展土壤。

在国内人口大迁移、大洗牌，也就是人们经常说的城市化进程中，各省会城市会在经济发展中取得巨大成功，并吸引大量人口，其消费力等指标往往都会有着极大的提升。截至2021年，除了青海省西宁市外（西宁杉杉奥莱、西宁王府井奥莱、西宁庄和大茂奥莱3家奥莱待开业）全国省会城市均已引进奥莱业态。

作为国内奥特莱斯领航者的华东地区，其省会城市的奥莱开业发展状况，在一定程度上代表着核心城市奥莱的高度，对其他地区的省会城市来说有着重要的参考价值。从数量上看，在华东地区的省会城市中，上海和杭州均拥有10家奥莱，南京7家、合肥6家、济南5家、南昌4家、福州3家。

华东地区头部奥莱项目简介见表4-3。

表4-3　华东地区头部奥莱项目简介

项目	城市	2021年销售额/亿元
百联奥特莱斯广场（上海·青浦）	上海	超过40
杉井奥特莱斯广场·宁波	宁波	超过30
杭州下沙奥特莱斯	杭州	超过30
佛罗伦萨小镇·上海名品奥特莱斯	上海	超过30
比斯特上海购物村	上海	超过30
百联奥特莱斯广场（江苏·无锡）	无锡	超过20
砂之船（南京）奥莱	南京	超过20
济南首创奥特莱斯	济南	超过10
杉杉奥特莱斯广场·南昌	南昌	超过10
砂之船（合肥）奥莱	合肥	超过10
百联奥特莱斯广场（江苏·南京）	南京	超过10

（1）百联奥特莱斯广场（上海·青浦）

百联奥特莱斯广场（上海·青浦）（见图4-19）是以销售国内国际著名品牌折扣商品为主，集购物、休闲和旅游于一体，体现国际化、现代化、时尚化的大型购物广场，秉持着“品牌是经营之魂，折扣是经营之道，服务是经营之本”的文化理念，吸引广大消费者慕名而来。项目主要经营国际一线、二线服饰品牌，国际知名运动休闲品牌以及国内著名品牌的折扣商品。即使受到新冠疫情的影响，2020年百联奥特莱斯广场（上海·青浦）依然以年销46.5亿元的佳绩力压群雄，自2014年至2020年连续7年稳坐奥特莱斯项目业绩榜首。

图4-19 百联奥特莱斯广场（上海·青浦）

（2）杉井奥特莱斯广场·宁波

由杉杉商业集团与日本三井不动产携手打造的杉井奥特莱斯广场·宁波（见图4-20），位于宁波市中心往西约10公里处，紧邻栎社机场及横街高速公路出口。项目为宁波带来拥有世界顶级奥特莱斯购物规模，集国际名牌、真品购物、休闲娱乐、餐饮于一体的大型高端名品折扣乐园。随着城市的发展，该奥莱所处位置已由远郊变成城市近郊，随着项目四期的开业成为华东地区的知名奥莱，并为后期陆续诞生的杉杉奥莱提供了发展蓝本。

图4-20 杉井奥特莱斯广场·宁波

（3）杭州下沙奥特莱斯

杭州下沙奥特莱斯（见图4-21）的规模稳居中国奥特莱斯一线方阵，经营业绩连续多年名列全国前十。项目坐落于杭州绕城高速下沙出口2公里处，西靠下沙大学城，南临钱塘江著名观潮区，距杭州市中心武林广场25公里，车程仅30分钟。广场地处沪杭高速、杭浦高速、杭州甬高速、杭州绕城高速网中央。杭州下沙奥特莱斯汇聚国际一线名品和潮流新品，合计有超300家品牌店铺，是目前浙江省知名名品折扣购物地之一。

图4-21　杭州下沙奥特莱斯

综合上述数据，华东地区的奥特莱斯在中国历经17年的淬炼，已成长为当地零售业态的重要分支，并自2015年起步入快速发展期，新时代华东地区的奥莱行业呈现出全新的面貌：连锁化、场景化、智能化与文商旅等概念紧密结合。在商业地产存量过剩、销售增速放缓的大环境下，华东地区的奥特莱斯不断逆势增长，行业整体在开业数量及开业面积上都不断创下佳绩，成为中国零售业的一道靓丽风景。如今，华东地区的奥莱满足了消费者购物、休闲及娱乐等需求，成为国际及国内品牌商开拓全新市场、提升品牌知名度的有力渠道，也成为我国奥特莱斯行业的风向标，对我国奥莱的未来发展有着举足轻重的影响。

4.华南地区的奥特莱斯发展情况

基于现今华南地区奥特莱斯市场状况及从消费者的角度，集中分析广东省中奥莱分布集中的广州市、深圳市、佛山市，以及文旅奥莱集聚地——海南省，通过数据分析，探索华南地区奥特莱斯的发展情况并预测未来奥特莱斯的发展方向。

华南地区奥莱发展情况见图4-22和图4-23。

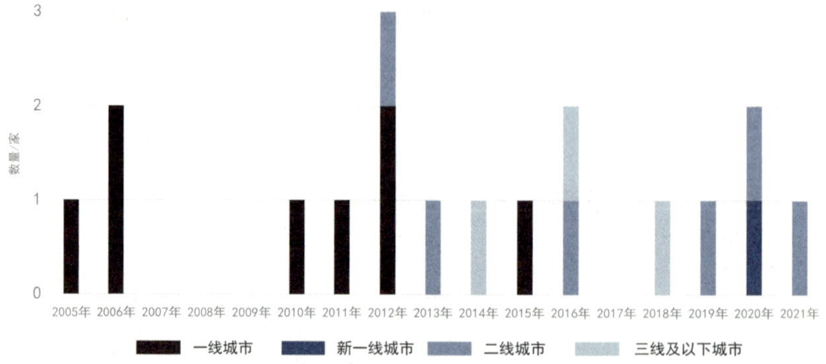

图4-22　华南地区奥莱数量发展情况

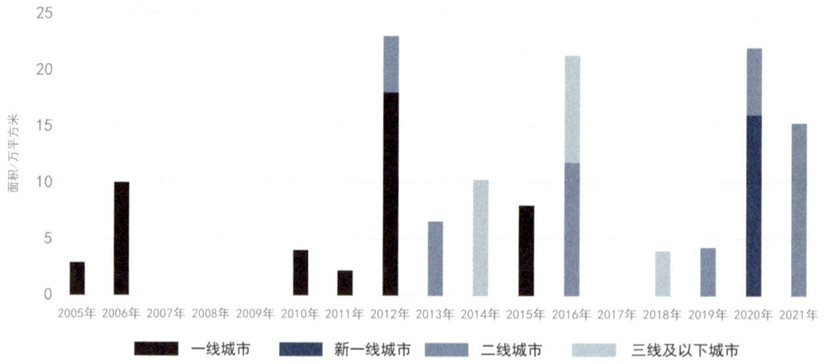

图4-23　华南地区奥莱新增面积情况

从我国奥莱发展史看，华南地区属于较早开启奥特莱斯业态的区域，包含小镇奥莱、街区奥莱、盒子奥莱等多种发展模式，但在发展上却并非一路坦途：以广州为例，传统商圈北京路的摩登百货转型奥莱，因面对众多购物中心及街铺等对手“贴身”围攻而以失败告终；有雄厚百货背景，位于白云区5号停机坪的天河城奥特莱斯因品牌货量较少、租金高与该地商圈及消费定位不符等因素，历时两年于2015年关闭。

从数量上来看，华南地区城市型奥莱的数量不算少（见图4-24）。城市型奥莱位于城市中心或繁华商业地段，优越的地理环境和便捷的交通更符合城市居民的购物需求，同时更有利于吸引知名品牌入驻，形成聚集效应。另外，城市型奥莱所拥有的商业特质将使得它重新定义城市生活。从体量上说，综合型奥莱在华南地区，尤其是非广州、深圳的城市中占据了较强的主导地位。值得注意的是，在华南地区，奥特莱斯的边界属性已开始模糊，如广州海印又一城奥莱，在开业之初属于近郊型，但番禺万博商圈的完善以及周边楼盘高企的入驻，使其在一定程度上兼具了城市型奥莱或社区型奥莱的属性。

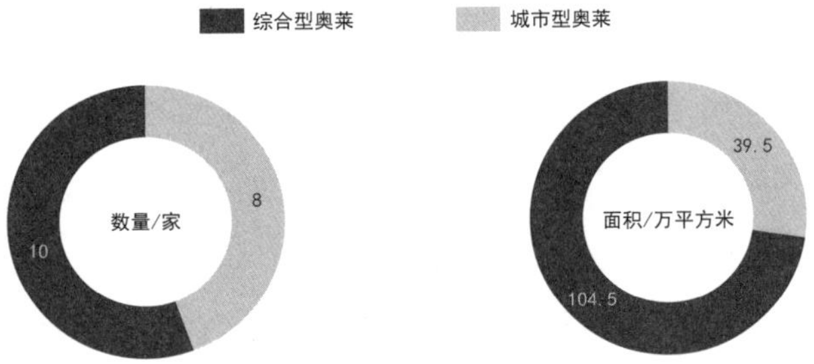

图4-24　华南地区奥莱项目类型占比情况

由于一线城市土地价格高昂，可以发现，2015年后广州、深圳新增奥莱的发展速度骤降，开发商转换了思路，使二线、三线及以下城市的奥莱发展提速，但两者的经营思路有着明显的差异。如佛罗伦萨小镇·广佛名品奥特莱斯位于佛山，吸引的是广州、佛山的客流；东莞益田假日奥莱地处东莞大运城邦，紧靠深圳地界。这两个典型的郊区型奥莱做的是跨城市的生意，类似欧洲众多跨国界的奥莱。而在三线及以下城市，以海南省三亚市为例，亚龙湾壹号小镇·奥特莱斯给城市注入了鲜明的文旅元素，作为全业态、多功能的世界级商品聚集地，项目集精品购物、巨幕影院、文化艺术、精品超市、儿童游乐场以及各地美食于一体，并积极引进当地美食店形成当地知名的海鲜餐厅集合，填补了三亚商业综合体的空白。

华南地区头部奥莱项目简介见表4-4。

表4-4 华南地区头部奥莱项目简介

项目	城市	2021年销售额/亿元
佛罗伦萨小镇·广佛名品奥特莱斯	佛山	超过10
万宁首创奥特莱斯（2022年7月更名为王府井悦舞小镇）	万宁	超过10
深圳龙华8号仓奥特莱斯	深圳	超过10
广州万国奥特莱斯	广州	超过10
深圳华盛奥特莱斯购物中心	深圳	超过10
广州海印又一城奥特莱斯	广州	超过10

（1）佛罗伦萨小镇·广佛名品奥特莱斯

佛罗伦萨小镇·广佛名品奥特莱斯（见图4-25）于2015年9月开业，作为华南地区以意大利风情为特色的大型名品折扣购物中心，延续了佛罗伦萨小镇一贯的设计理念，以意大利经典建筑风格为灵感。精致的意式设计、浪漫的异国情怀、多样的品牌选择、诱人的高额折扣及完善的客户服务使其成为华南地区消费者追求时尚、旅游的新选择。

图4-25 佛罗伦萨小镇·广佛名品奥特莱斯

（2）王府井悦舞小镇

王府井悦舞小镇（见图4-26）是海南省首家也是规模最大的奥特莱斯。项目建筑面积10万平方米，店铺数量近300个，停车位2000个，位于海南东线高速莲花村出口600米处，距神舟半岛、兴隆旅游度假区20分钟车程，距离东环铁路神舟站1.3公里。2022年7月1日，万宁首创奥特莱斯被王府井集团收购，万宁首创奥特莱斯更名为王府井悦舞小镇，这是王府井集团看好海南自贸港建设发展机遇，抓紧布局在海南的第一家店，并结合王府井的免税业务，打造“免税+奥莱”的创新模式。

图4-26 王府井悦舞小镇

（3）**深圳龙华8号仓奥特莱斯**

深圳龙华8号仓奥特莱斯（见图4-27）于2015年1月开业，项目总建筑面积8万平方米，位于深圳市龙华区民康路1号，毗邻华南物流园。城市型奥莱，地道的loft建筑风格，别具特色的休闲场所，集购物、餐饮、儿童游乐设施于一体的名品折扣购物中心，享受一站式消费体验，为消费者提供了一个独具特色的购物天堂。

图4-27 深圳龙华8号仓奥特莱斯

（4）**广州万国奥特莱斯**

广州首家城市型奥莱——广州万国奥特莱斯（见图4-28），带有鲜明的运动户外品类特色，并具有大而全的品牌格局，顺应了海珠区“江南西”商圈的发展需求。项目位于传统海珠区核心路段，雄踞江南大道龙头位置，拥有双地铁优势，从业态上看，项目汇集了100多家国际品牌工厂店，专供休闲运动类细分市场，满足时尚潮流、户外运动、家居、美食等消费需求，其中品牌选择最多的就是运动类品牌，有效避开了传统零售商业的正面冲击。

图4-28　广州万国奥特莱斯

（5）**深圳华盛奥特莱斯购物中心**

深圳华盛奥特莱斯购物中心（见图4-29）位于华南城1号交易广场，是截至2021年深圳最大的奥特莱斯购物中心。目前，深圳华盛奥特莱斯购物中心已进驻超过300家品牌，涵盖一线品牌、男装女装、休闲运动产品、皮鞋皮具以及配套餐饮，开创了“工厂直销+名品折扣+大型商业”配套的范例，成为“专业市场+奥莱”的蓝本。

图4-29　深圳华盛奥特莱斯购物中心

（6）广州海印又一城奥特莱斯

广州海印又一城奥特莱斯（见图4-30）项目分为A、B、D三栋（C栋为沃尔玛的山姆会员店），与天河城奥特莱斯番禺万博店仅数百米之隔，被喻为华南地区的明星奥特莱斯，走出了一条“大而全”的差异化道路——名品、奢侈品+丰富配套业态路线；以时尚、运动著称，该项目有Amani、Boss、Versace等世界奢侈品牌；在配套上，项目拥有数十家特色餐饮店，B座被打造成运动体验馆，更加侧重体育业态的引入，并与山姆会员店形成客流共享。

图4-30　广州海印又一城奥特莱斯

自首座奥莱破土而出后，我国奥特莱斯行业便开启了多元化进程，华南地区的奥莱在其中担起了重要的推进角色。作为零售业中的重要一员，奥特莱斯在华南地区已发展了长达17年，以广州、深圳为大本营，逐步发展至佛山、万宁、三亚、珠海及东莞等地区，在开放、包容、创新的商业环境中，华南地区的奥特莱斯开启了多元化发展的历程，突破了国外奥特莱斯传统的建筑形态、业态分类、区位选址、经营管理方式等，并创下多个奥莱行业之“最”，夯实了我国奥特莱斯行业发展的基础，为地区带来了新的商业活力和生活体验，同时为我国奥特莱斯行业发展提供了多样化蓝本，有重要的借鉴和参考意义。

5.西南地区的奥特莱斯发展情况

奥特莱斯在中国经历20年的淬炼，成长为零售业态的重要分支，行业整体销售规模已踏进“千亿时代”。同时，新时代下的奥特莱斯行业呈现出全新的面貌：中国奥莱除了满足顾客对“名品+折扣”的消费需求，还成了全新的“一站式休闲购物体验”生活方式，并诞生出城市型奥莱、街区奥莱、文旅奥莱等特色奥莱。然而，随着行业的快速发展，国内奥莱在北京、上海、长沙等城市也出现了同城化竞争的情况。挖掘新土壤、开辟新战场，成为奥特莱斯行业发展的新命题。作为我国近年大力推动发展的大区，西南地区焕发着崭新的经济活力和商业势能，开始成为众多奥特莱斯布局的新热土，见图4-31和图4-32。

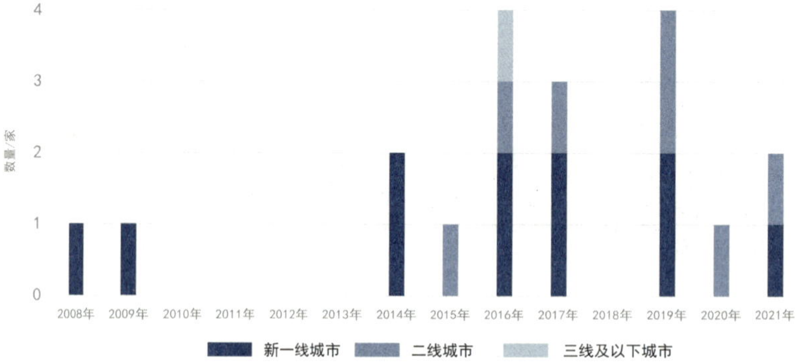

图4-31　西南地区奥莱数量发展情况

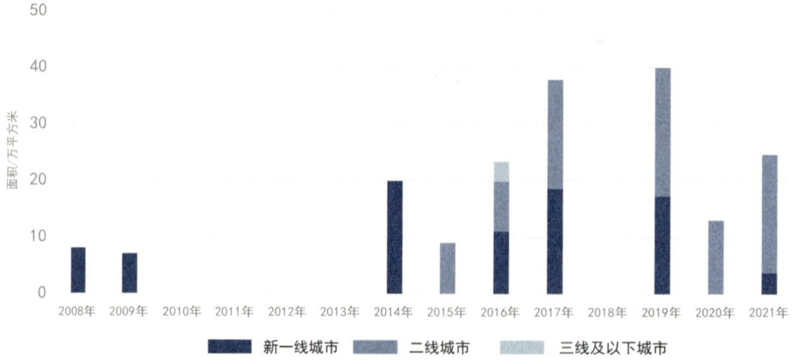

图4-32　西南地区奥莱新增面积情况

纵观上述数据，西南地区的奥特莱斯的发展呈现出三个阶段：

萌芽期（2008—2009年）：在国内首家奥莱诞生6年后，西南地区于2008年也迎来属于自己的首家奥莱。奥特莱斯作为商业的新业态，在我国缺乏充足奥莱案例参考以及品牌资源支撑的情况下，这一阶段开业的奥莱背后均有外部资源的身影。如2008年开业的重庆西部奥特莱斯购物广场，是由台湾太平洋集团与重庆砂之船苏格服饰股份有限公司联合打造的、中国西部最大的奥特莱斯品牌直销主题形象广场，现项目名称为砂之船（重庆·两江）奥莱；2009年开业的时代·奥特莱斯·成都是香港九龙仓集团的商业项目，凭借着集团丰富的品牌资源，该项目云集了众多国际一线品牌。

冷静期（2010—2013年）：经过10多年的发展，上述两个项目已成为西南地区的标杆奥莱。2010—2013年，虽然前期已有两家奥特莱斯在西南地区落地作为处理尾货的销售渠道，但当时的正价商业仍不足以支撑更多的奥莱项目落地。另外，由于奥特莱斯对选址、建筑、品牌资源、运营经验等有着更严格的要求，所以在时代·奥特莱斯·成都开业后，没有马上激起地区商业连锁效应，各路资本对奥特莱斯这一新业态仍处于观望状态。2006—2008年华北地区、2007—2008年华东地区也出现过新增开业数量为0的空窗期。

持续发展期（2014—2020年）：西南地区奥莱的总体增长数量和新增商业面积明显增加，形成以重庆、成都、昆明三个地区为核心的奥特莱斯布局，继砂之船控股和九龙仓集团后，RDM Asia、华南城控股有限公司、王府井集团、首创钜大先后进驻西南地区。除了各大连锁奥莱的进驻令区域市场焕然一新外，当地奥莱的形态也得到了更多元化的发展，出现了由百货转型成城市型奥莱的新世纪百货奥特莱斯、以中式风格打造的天河潭奥特莱斯以及跨界布局的新津希望奥特莱斯等。

从类型上看，西南地区以郊区中小体量的奥莱为主导。在2008年至今诞生的19个奥莱项目中，面积20万平方米以上的超大型项目为1个；10万～20万平方米的项目达到7个，占比达到36.8%；10万平方米以下的项目体量占比57.9%。另外，随着生活方式的升级，近年来家庭式购物已成为一大消费主题。随着西南地区重点城市的经济迅速增长及生活水平的提高，人们的消费观与市场需求也发生了巨大的转变，从“购物”到“全方位体验”需求不断升级，因此开发商又开始注重大型项目的开发，增加儿童主题乐园、餐饮、影院的辅营业态，以满足消费者的多元化需求。此外，面积10万平方米以下的中小体量项目，主要分为城市型奥莱及早期入市的郊区型奥莱两大类，这成为目前西南地区奥莱的主流。

西南地区奥莱项目类型占比情况见图4-33。

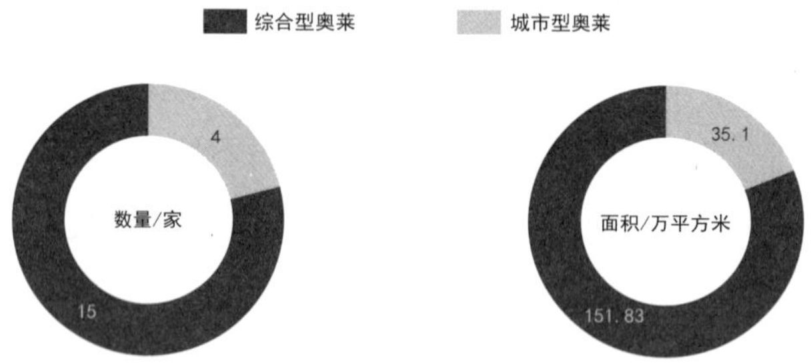

图4-33　西南地区奥莱项目类型占比情况

近年，西南地区的城市发展得如火如荼，作为西南重镇的成都、重庆承担了实施国家西部战略的重任。重点城市经济增长迅速，政策红利释放，政策、经济、人口对重点城市商业地产的发展形成了较强的支撑。在项目数量及项目面积上呈现出加速发展的态势，这些奥莱主要分布在昆明及贵阳两座城市，表明除成都、重庆之外的省会城市仍具有强劲的增长活力。而在西南地区三线城市中仅出现一家奥莱，显示出西南地区奥莱的增长空间主要集中在重庆、成都、昆明、贵阳四座城市，暂未出现明显的渠道下沉发展趋势。

西南地区连锁奥莱发展情况：随着地区经济活力的展现，以及华东、华北、华中地区奥莱的开业数量日渐丰富，西南地区的城市已成为头部连锁奥莱看中的新市场。从数据上可以看出，连锁奥莱开业数量占整个西南地区总数的一半，而在西南地区起家的砂之船控股，在重庆、昆明、贵阳三地拥有4家奥莱，成为在西南地区奥莱数量最多的运营商；首创钜大虽然在2019年才开始布局，但其小镇式奥莱凭借丰富的品牌和较大面积，成为该地区不可忽视的发展力量；王府井集团则在2019年在昆明布局，开启了当时集团内最大的奥莱项目；作为九龙仓集团旗下项目，时代·奥特莱斯·成都虽然在体量上不太引人注目，但凭着顶级品牌资源成为国内标杆奥莱；另外，继2017年成都项目开业后，RDM Asia又追加开启重庆项目，十分看重西南地区市场上的机会。随着2021年底杉杉奥特莱斯广场·贵阳的开业，除百联外国内五大头部连锁奥莱运营商均有在西南地区布局，进一步加速推动了西南地区奥莱的发展。

西南地区头部奥莱项目简介见表4-5。

表4-5　西南地区头部奥莱项目简介

项目	城市	2021年销售额/亿元
时代·奥特莱斯·成都	成都	超过30
砂之船（重庆·两江）奥莱	重庆	超过20
砂之船（贵阳）奥莱	贵阳	超过10
砂之船（昆明）奥莱	昆明	超过10

虽然与其他成熟的地区相比，西南地区奥莱项目的开业数量及商业面积稍落后，但西南地区头部奥莱的表现在全国仍可圈可点。从2021年中国奥特莱斯年度销售榜单上可以看出，在全国头部奥莱中，西南地区共有4家奥莱登榜，2021年销售业绩总量超70亿元。未来，随着各大奥莱走出项目培育期，相信将有更多的项目能创造佳绩。

（1）时代·奥特莱斯·成都

时代·奥特莱斯·成都（见图4-34）作为西南地区首家小镇奥特莱斯，从2009年起便在成都深深扎根，已汇聚国内外知名品牌超过260个，涵盖多种风格及类型，打造领先的时尚消费枢纽。多年来，时代·奥特莱斯·成都坚持为西南地区消费者提供多样化的购物选择，不断完善，进一步为顾客优化购物环境和购物体验，并坚持不懈地引入国际一线知名品牌，共享成都发展机遇，为成都国际化进程贡献自己的力量，推动城市持续璀璨繁华。

图4-34　时代·奥特莱斯·成都

（2）砂之船（重庆·两江）奥莱

作为西南地区首家奥特莱斯，亦是砂之船控股的首家奥莱店，砂之船（重庆·两江）奥莱（见图4-35）位于国家三大新区之一的重庆两江新区，消费范围覆盖重庆、云南、四川、贵州等地区，凭借其优越的地理位置吸引无数消费者前往购物，项目秉承砂之船控股一贯的核心经营理念，原创“现代商业+稀缺生态+地域文化”的独有艺术商业模式，将砂之船艺术商业与重庆地域特色文化融合，是西部地区颇具竞争力的多业态大型商业综合体，引领重庆购物休闲新风尚。

图4-35　砂之船（重庆·两江）奥莱

（3）砂之船（贵阳）奥莱

砂之船（贵阳）奥莱（见图4-36）是贵州最大的奥特莱斯商业复合体，有22万平方米的超大体量，汇聚国际名品、时尚百货、儿童娱乐/教育、电影院、世界各地美食、星级酒店。强大的品牌阵容、丰富的业态配置使其成为西南地区单店体量最大、品牌齐全、购物体验佳、适合一家人出行的娱乐休闲购物圣地。

图4-36　砂之船（贵阳）奥莱

（4）砂之船（昆明）奥莱

砂之船（昆明）奥莱（见图4-37）位于昆明春城后花园太平新城，地处昆明西部交通“咽喉”，位于昆安高速、安晋高速、西北绕城高速的交会处，途经成昆铁路和320国道。项目是以古罗马建筑风格结合滇中红土元素，面积为37万平方米的超大综合体，一期拥有9万平方米商业面积、300余个品牌，是集原生态观光和购物旅游休闲功能于一体的大型商业复合体。

图4-37　砂之船（昆明）奥莱

综合上述数据，西南地区的奥特莱斯在中国历经10多年的淬炼，终于成长为当地零售业态的重要分支，并自2014年起步入持续发展期，新时代下西南地区奥莱行业呈现出全新的面貌：连锁化、场景化与文商旅等概念紧密结合。随着西南地区经济活力不断展现，以及华东、华北、华中地区奥莱的开业数量日渐增加，奥特莱斯运营商将抓紧对西南地区奥莱的开发，已有项目在经过培育期后，将有望诞生更多出色的奥莱，为今后我国奥特莱斯多元化发展提供更多参考与借鉴。

6.西北地区的奥特莱斯发展情况

随着北京、上海、杭州等热门城市的奥特莱斯数量猛增，商业竞争愈加激烈，各大运营商近年已纷纷将目光聚焦至西北地区，在华中地区掀起奥莱开发热潮的同时，西北地区的奥莱市场发展潜力也逐渐显露出来，见图4-38和图4-39。

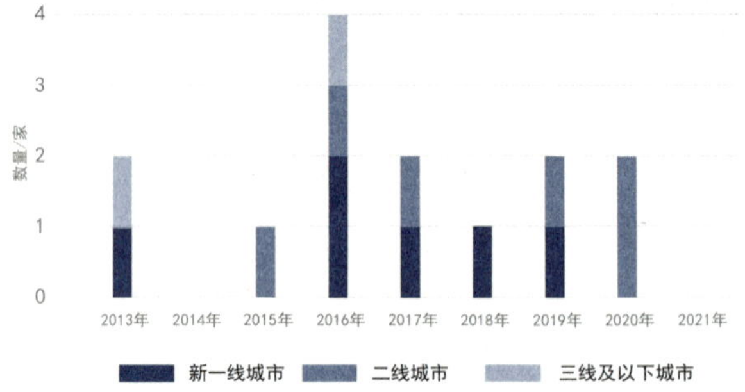

图4-38　西北地区奥莱数量发展情况

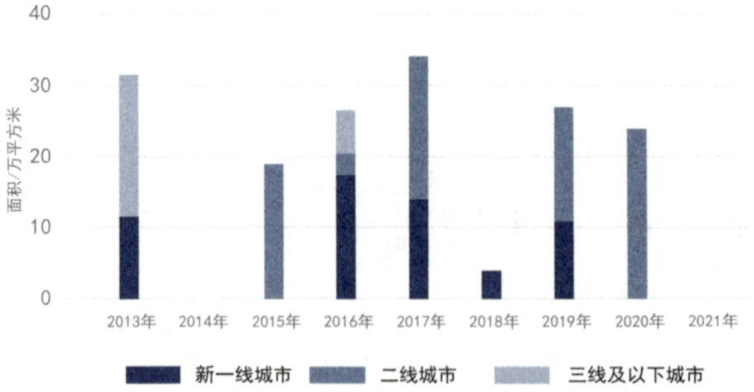

图4-39　西北地区奥莱新增面积情况

根据上述数据，西北地区奥特莱斯的发展呈现出两大特点：

从整体数据上分析，西北地区包括陕西、甘肃、青海、新疆和宁夏等5个省（区）。因为区域辽阔，所以素有“大西北”之称，因受地理环境限制，且交通基础设施有待进一步完善，所以商业发展水平也有待提高。西北地区属于七大区域中最晚诞生奥莱的区域，从宏观上看，无论是数量还是体量，数据皆相对逊色。

从新增数量上看，西北地区奥莱的开发热潮与国内整个奥莱的迅猛发展期相似，在2016年达到了顶峰，新增了4家奥莱，其中包含2家百货转型奥莱（见图4-38）；从新增面积上看，随着兰州百年奥特莱斯及砂之船（西安）奥莱这两家大体量奥莱在2017年相继入市，当年西北地区新增奥莱开业面积刷新了高度（见图4-39）。

西北地区奥莱项目类型占比情况见图4-40。

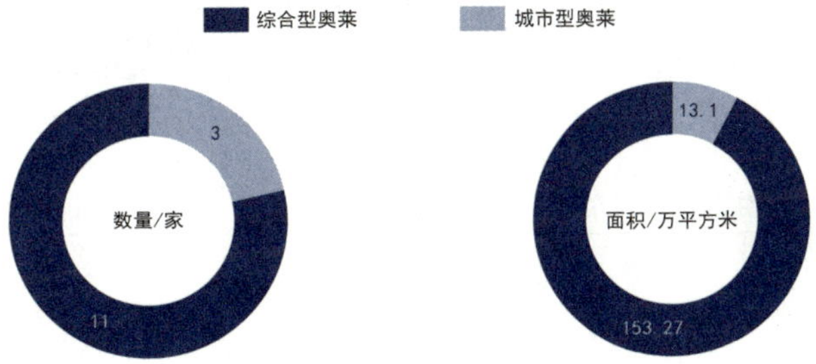

图4-40　西北地区奥莱项目类型占比情况

过往，西北地区作为我国的内陆地区，可以说是“春风不度玉门关”，仍然保持着计划经济时代固有的经济格局，城市的经济实力和它的战略地位、国企布局等密切相关。现今西北地区的“老大”依旧是十三朝古都西安，2021年GDP超1万亿元，由此可以看出，西安虽然是西北地区的第一大经济城市，但实力并不是很强，在全国的排名也不靠前。从潜力来看，由于西北地区土地资源较为宽裕，对郊区奥特莱斯业态的发展具有一定助推作用。

无论从数量还是体量上看，西北地区有郊区型奥莱11家、商业建筑面积153.27万平方米，城市型奥莱3家、商业建筑面积13.1万平方米，前者规模远大于后者。从类型优势来看，经过20年的洗礼与发展，奥特莱斯在我国已经探索出特有的发展模式，可满足家庭一站式消费需求，在此层面上，综合型奥莱讲究“名品+折扣”的组合。中国人的家庭观念浓厚，近年来“吃喝玩乐购”一站式家庭购物休闲的理念越发受到推崇。

在我国改革开放大浪潮的席卷下，干涸的西北地区如同久旱逢甘霖，许多城市进入了快速发展期，十大经济城市也因此发生了大洗牌。首先是西北地区的龙头城市西安，其经济实力和国家中心城市的辐射引领作用进一步增强，初步奠定了西安作为西北地区经济发动机的地位。因此，在西安这个新一线城市中，共有6家在营奥莱，吸引了包括王府井集团、砂之船控股、首创钜大、华盛商业集团等连锁运营商前来积极布局。

西北地区头部奥莱项目简介见表4-6。

表4-6　西北地区头部奥莱项目简介

项目	城市	2021年销售额/亿元
砂之船（西安）奥莱	西安	超过20
西安赛特奥莱机场店	西安	超过10
西安赛特奥莱临潼店	西安	超过10

（1）砂之船（西安）奥莱

砂之船（西安）奥莱（见图4-41）位于西安浐灞生态区，与西安地铁3号线（务庄站）无缝对接，共有600余家国内国际名品以及50多家特色餐饮，有UME五星级电影院、3座主题儿童乐园，融合了三大超级概念——超级儿童馆、超级运动馆及与袁家村强强联手共筑的超级农庄，是目前西北地区体量最大的以奥特莱斯为主题的一站式商业综合体。

图4-41　砂之船（西安）奥莱

（2）西安赛特奥莱机场店

西安赛特奥莱机场店（见图4-22）旨在打造集国际名品折扣店、特色餐饮店、儿童游乐场等设施于一体的一站式购物模式，倡导年轻、时尚、欢快的全新生活方式，带给消费者完美的购物体验。项目距离西安市中心大约35分钟车程，距离咸阳市区大约10分钟车程，距离西安咸阳国际机场仅2公里，力求为西安、咸阳两地消费者提供“享受超低折扣和高品质奢华生活”的非凡购物体验。

图4-42 西安赛特奥莱机场店

（3）西安赛特奥莱临潼店

西安赛特奥莱临潼店（见图4-43）位于西安临潼度假区，借鉴新西兰皇后镇商业的建筑优势和特色，突出环境体验感，打造别具一格的商业休闲体验区，形成一个集购物、文化、娱乐、休闲于一体的商业空间。项目整体划分为钟楼广场、罗马广场、许愿广场及商业区几大主题区域。其中商业区以商品经营为主，在建筑物地上两层、局部为三层的空间内，云集200余个国内外知名品牌，涵盖服饰、皮具、配饰、生活家居用品、餐饮、儿童娱乐等多个类别。

图4-43 西安赛特奥莱临潼店

西北五省（区）包括陕西、甘肃、青海、宁夏、新疆，因为西北五省（区）经济发展状况存在差距，所以实现地区商业经济发展的方式各不相同。当然，从经济总量来看，陕西省GDP位居西北榜首，促使全省综合经济实力增强。另外，在奥特莱斯的分布上，近年来，北上广等一线城市的奥特莱斯数量已经趋于饱和，开发商已经纷纷转而抢占各大区域的省会城市，因此西北地区的省会城市成为布局的重点。

7.华中地区的奥特莱斯发展情况

近年来，随着我国经济结构的不断调整，经济增长方式也在持续优化，区域经济合作更加紧密，一体化高质量发展已经成为新趋势。华中地区位于我国中部腹地，是连贯东西、沟通南北的重要区域节点，同时也是我国综合性交通枢纽，该区域主要包括河南、湖北、湖南三省，经济总量在全国排名靠前，伴随近年商业发展，以上述三省为代表的华中地区奥特莱斯业态在规模上迅速扩大，见图4-44和图4-45。

图4-44　华中地区奥莱数量发展情况

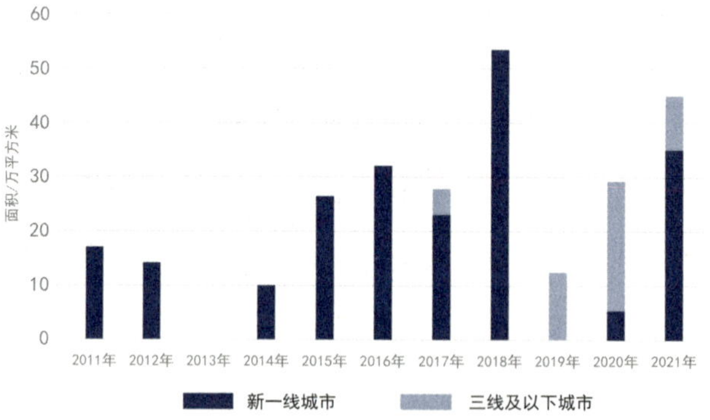

图4-45　华中地区奥莱新增面积情况

纵观上述数据，华中地区奥特莱斯的发展可分为两个阶段：

探索期（2011—2014年）：从国内七大区域来看，华中地区出现奥特莱斯业态的时间并不算早，但这一时期诞生了不少全国知名的项目。如华中地区首家奥莱——长沙友阿奥特莱斯购物公园，其拥有强大的品牌矩阵，吃、喝、玩、乐、购等配套设施一应俱全，国内外名品折扣中心与休闲游乐公园双重概念相结合，如今已成为长沙知名的购物胜地。

湖北省首家奥莱为百联股份打造的百联奥特莱斯广场（武汉·盘龙），该项目借助我国奥特莱斯"黄金十年"以及武汉"1+8"城市圈的发展契机，开业便有惊艳的表现，一直稳居华中地区奥莱业态龙头，成为华中地区乃至全国奥莱业态中一面鲜明的旗帜。

华中地区奥莱项目类型占比情况见图4-46。

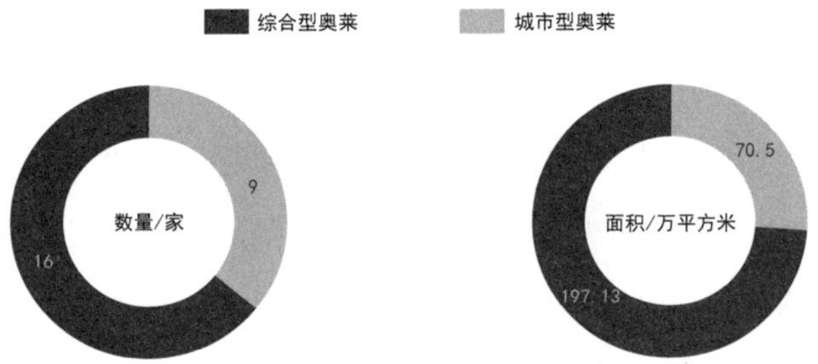

图4-46 华中地区奥莱项目类型占比情况

探索期（2011—2014年）：通过研究城市的经济体量和商业发展程度可以发现，在此过程中开发商都默契地选择了在省会城市完成布局。而在后面的发展期中，除了不断加强在新一线城市选址外，部分开发商以自身的本土城市优势，率先在三线或以下城市布局奥莱项目。

发展期（2015—2021年）：随着全国奥莱的兴起以及地区经济的进一步发展，华中地区奥莱业态的数量以平均每年新开3家的趋势快速增长，奥莱类型也渐趋多样化。值得注意的是，除了众多连锁运营商看好华中地区外，当地不少拥有良好区位的优质百货和购物中心也纷纷转型奥莱。

当国内一线及省会城市商业零售竞争进入"红海"领域之时，逆势上扬的城市型奥莱，对于当地商业格局来说有着全新而深远的意义。与华东、华南地区的奥莱类型相似，华中地区的城市型奥莱发展较为成熟，约占该地区奥莱总数量的36%，从区位来看，除了分布在郑州、武汉、长沙三个省会城市外，洛阳、岳阳、宜昌、张家界等地也出现了城市型奥莱。

华中地区头部奥莱项目简介见表4-7。

表4-7　华中地区头部奥莱发展情况

项目	城市	2021年销售额/亿元
百联奥特莱斯广场（武汉·盘龙）	武汉	超过30
杉杉奥特莱斯广场·郑州	郑州	超过20
长沙友阿奥特莱斯购物公园	长沙	超过20
武汉首创奥特莱斯	武汉	超过10
砂之船（长沙）奥莱	长沙	超过10

（1）百联奥特莱斯广场（武汉·盘龙）

百联奥特莱斯广场（武汉·盘龙）（见图4-47）是武汉市首家以名品折扣销售为主的奥特莱斯，位于武汉黄陂盘龙城经济开发区内，距武汉天河机场约8公里，距汉口火车站约15公里，距离武汉市中心30分钟车程。百联奥特莱斯广场（武汉·盘龙）西北紧靠2.7万亩后湖，南面3公里处是国家考古遗址公园盘龙城遗址，尽享盘龙城生态湖景和文化旅游资源。项目致力于打造以“奥特莱斯主力店”为核心，融入餐饮、旅游、娱乐、休闲、运动、观光等诸多商业元素的新购物体验模式。坚持“标真价，买真品，送真情”的经营理念和“诚实守信，无微不至”的服务理念，力求将最诚挚的服务带给广大消费者。

图4-47　百联奥特莱斯广场（武汉·盘龙）

（2）杉杉奥特莱斯广场·郑州

杉杉奥特莱斯广场·郑州（见图4-48）地处郑州市和开封市之间，郑开大道和雁鸣路交叉口，距离郑州市中心约20公里，车程40分钟，是信和·普罗旺世落户中牟县引进并成功启动的第一个商业项目。该项目占地面积188亩，由杉杉集团与信和·普罗旺世强强联合、共同投资建设。杉杉奥特莱斯广场·郑州整体风格类似法国香榭丽舍大道和法国普罗旺斯小镇的综合体，商品聚集了国际名品、国内一线女装等众多品牌，同时汇集了电影院、游乐场、餐饮等娱乐休闲项目，为顾客提供了舒适、流畅的一站式购物环境。

图4-48　杉杉奥特莱斯广场·郑州

（3）长沙友阿奥特莱斯购物公园

长沙友阿奥特莱斯购物公园（见图4-49）坐落于长沙市天心区芙蓉南路三段，从长沙、株洲、湘潭三市中心区域出发，均可在25～30分钟内到达，是长株潭城市群中心地标建筑，项目拥有强大的品牌矩阵，吃、喝、玩、乐、购等配套设施一应俱全，国内外名品折扣中心与休闲游乐公园双重概念相结合，如今已成为长沙知名的购物胜地。

图4-49　长沙友阿奥特莱斯购物公园

(4) 武汉首创奥特莱斯

武汉首创奥特莱斯（见图4-50）东临光谷三路，南临高新二路，并与武汉网球中心相望，西临武汉三环线，北接高新大道；项目通达武汉三镇，离光谷核心商圈仅7公里。武汉首创奥特莱斯力求为消费者带来更优质的购物体验、更齐全的配套设施、更亲民的品牌组合、更开放及更具综合性的休闲游乐购物模式，为江城人民带来了全新的购物选择。

图4-50 武汉首创奥特莱斯

(5) 砂之船（长沙）奥莱

砂之船（长沙）奥莱（见图4-51）位于长沙市金星路与月亮岛路的交会处，项目集合了500多个国际国内知名品牌，是湖南省体量大、品牌全、业态完整的复合型高端奥特莱斯。建筑面积达21万平方米的砂之船（长沙）奥莱以“现代商业+稀缺生态+地域文化”的独有艺术商业模式，创新打造出属于长沙的“超级奥莱”。

图4-51 砂之船（长沙）奥莱

二、我国奥特莱斯发展的主要特点及问题

根据奥特莱斯在我国的发展特点和时间节点，将2002—2021年整体划分为两个阶段，第一阶段为2002—2011年的萌芽十年，该阶段我国奥特莱斯业态是以传承欧美等国家奥特莱斯的特点为主；第二阶段2012—2021年被称为我国奥特莱斯的黄金十年，该阶段，奥特莱斯业态在中国快速成长，并逐步实现本土化、本地化、多元化，也被称为我国奥特莱斯的创新十年。

在中国奥莱20年的2022奥莱领秀峰会上，奥莱领秀传（广州）媒根据全国综合实力指标、大区域综合实力指标、综合评效指标和公域营销综合指标等，评选出“2021年全国影响力奥特莱斯TOP50”见表4-8。

表4-8　2021年全国影响力奥特莱斯TOP50

百联奥特莱斯广场（上海·青浦）	杉井奥特莱斯广场·宁波	深圳龙华8号仓奥特莱斯	佛罗伦萨小镇·成都名品奥特莱斯	石家庄北国奥莱小镇
佛罗伦萨小镇·京津名品奥特莱斯	佛罗伦萨小镇·上海名品奥特莱斯	沈阳赛特奥莱	济南首创奥特莱斯	砂之船（合肥）奥莱
北京八达岭奥莱	杉杉奥特莱斯广场·哈尔滨	深圳华盛奥特莱斯购物中心	广州海印又一城奥莱	长春赛特奥莱MALL
北京首创奥特莱斯	杉杉奥特莱斯广场·郑州	沈阳盛京大奥莱	砂之船（昆明）奥莱	杉杉奥特莱斯广场·南昌
成都时代奥特莱斯	佛罗伦萨小镇·广佛名品奥特莱斯	百联奥特莱斯广场（江苏·无锡）	砂之船（长沙）奥莱	砂之船（杭州）奥莱
百联奥特莱斯广场（武汉·盘龙）	北京赛特奥莱	广州万国奥特莱斯	西安赛特奥莱机场店	深圳大梅沙8号仓奥特莱斯
北京燕莎奥特莱斯购物中心	砂之船（西安）奥莱	砂之船（贵阳）奥莱	北京花乡奥莱	福州世纪金源奥特莱斯
天美杉杉奥特莱斯广场·晋中	比斯特苏州购物村	武汉首创奥特莱斯	西安赛特临潼店	砂之船（长春中东）奥莱
杭州下沙奥特莱斯	砂之船（重庆两江）奥莱	北京斯普瑞斯奥特莱斯	砂之船（南京）奥莱	沈阳尚柏奥特莱斯
比斯特上海购物村	长沙友阿奥特莱斯购物公园	阿尔滨枫叶小镇奥特莱斯	百联奥特莱斯广场（江苏·南京）	昆山首创奥特莱斯

基于对未来的整体发展趋势的判断，将2022—2031年定义为我国奥特莱斯走向健康状态的新十年，在这十年中，我国的奥特莱斯将呈现更具多样性的发展状态。

前文中提到了关于全球范围内奥特莱斯的共同特点，随着奥特莱斯在我国取得进一步发展，我国的奥特莱斯业态在经营管理以及定义上呈现出更多符合我国国情的特征。具体如下：

①名品与折扣概念的重塑。在我国大众对奥特莱斯的普遍认知中，名品基本等同于国际名品。而我们认知中的国际名品对于欧美等国家而言，基本等同于“本土品牌”，因此在最初定义名品的时候，我国的奥特莱斯从业者将名品的定义从国际名品延伸至驰名中外的品牌，其中最重要的是将本土品牌包括本地知名的品牌作为奥特莱斯品牌矩阵的重要组成部分；因此“大品牌，小价格”能更精准地描述我国奥莱的特点。在今天，欧美等国家的品牌对我国的供应量无法满足我国奥特莱斯的发展速度，如果参照欧美等国家奥特莱斯业态的布局，单纯依靠欧美等国家的品牌来支撑我国奥特莱斯的整体发展，在本质上是不可行的。而将本土的优秀品牌纳入奥特莱斯的品牌矩阵中，不仅在很大程度上解决了商品的供给问题，与此同时也为今后我国奥特莱斯的持续发展起到了重要的推动作用。这一点，同样可以从日本和韩国的奥特莱斯业态找到相同的线索。

欧美奥特莱斯的商品普遍是以过季、断码、下架的商品为主，因此其价格往往低于正价商品的售卖价格，加上早期奥特莱斯业态刚刚进入我国的时候，经营者往往会以“超低价”为噱头吸引消费者前往，因此在很长的一段时间里，消费者对于奥特莱斯商品价格的普遍认知停留在便宜甚至是“白菜价”的基础上，但实际上，由于奥特莱斯自身售卖的商品均是国内外或者本地较为知名的品牌，这一类品牌本身拥有相对较强的品牌溢价能力，奥特莱斯销售的商品即便是有一个不错的折扣，其实际销售价格也不可能低得离谱。因此准确来说，奥特莱斯为消费者提供的商品通常具有较高的性价比而不是便宜，须特别强调，“高性价比”不等于“便宜”。

②选址观念的重塑。欧美等国家的奥特莱斯在选址的要求上，往往会以百公里为计量单位，尤其是美国，这是建立在美国地广人稀、城市空间容量巨大的基础之上的。在我国，尤其是中东部地区，城市密度相对较大，城市间隔距离相对较短，因此参照美国的奥特莱斯项目来选址在实际的操作过程中往往是不可行的。以长三角地区为例，上海到苏州的车程约为2小时，行驶距离在120公里左右，两座城市的核心区域间隔要求远远低于美国奥特莱斯项目的间隔要求，这种情况在长三角、珠三角乃至京津冀等地区极为常见，在欧美国家的经验不可借鉴的情况下，遵循与正价店保持安全距离的选址原则，定位于“城市副中心”或者交通便利的“城乡接合部”似乎更加符合我国奥特莱斯业态的选址需求。此举不仅能够满足大量品牌对于正价店安全距离的选址要求，也顺应了我国在特定历史时期推进城镇一体化发展进程的要求。

通过近些年的观察也可发现，2002—2022年，我国的奥特莱斯在选址上也发生了巨大的变化，2002—2011年，高速公路是奥特莱斯选址的一个普遍性的条件，而进入第二个十年后，我国奥特莱斯在选址上，则更加倾向于交通便捷的“新城”概念板块。后面会分析我国主要的奥特莱斯企业在选址上的一些特点。

③联营模式。联营模式源自百货体系的结算方式，而购物中心和欧美国家主要的奥特莱斯业态基本上采用的是租金模式。奥特莱斯在最初的发展阶段，由于距离城市较远，受消费者交通能力限制以及认知较为模糊的影响，品牌零售商在最初认为奥特莱斯的前景存在大量的不确定性，单纯的租金模式成为许多奥特莱斯项目在具体招商过程中难以逾越的障碍，联营模式可以在很大程度上缓冲品牌零售商在前期的投入和收益比，这也成为我国奥特莱斯业态与大部分厂商合作的基本模式。由于奥特莱斯选址普遍远离城市的高地价区域，相对投资成本普遍较低，加之早期品牌零售商

在奥特莱斯售卖的商品均为库存商品或低毛利商品，因此奥特莱斯在选择联营的比例上也远远低于传统百货的扣点比例。当然，除租金和联营两种合作模式外，部分企业还存在自营的情况，在我国奥特莱斯发展前期，自营模式的占比并不算大，近年来，这一类经营模式逐步被广泛地采用。

通过几种经营模式的对比（见表4-9），也可以看出，对于奥特莱斯这种距离城市核心区域较远的新型商业业态，在缺乏大交通和大客流的情况下，如果单纯地以固定租金的方式进行招商，很可能会遇到诸多导致招商工作进展不利的因素，而联营的合作方式，某种程度上是将奥特莱斯的管理方与商户的收益进行了有效的捆绑，从而朝着双方的共同目标去发展。

表4-9　自营、联营和租金模式的优缺点对比

经营模式	优点	缺点
自营	1.公司主营，自主权大，便于调整 2.弥补未能招商的品牌，丰富品牌品类 3.相对的盈利收益高 4.快速推进线上、线下数字化	1.资金占用比高，经营风险高 2.需要专业的买手、精细专业的运营团队
联营	1.招商更灵活，可引入更多品牌商家 2.管理统一 3.有充足现金流 4.与商户共赢	团队庞大，管理成本高，管理精细化要求高
租金	1.管理相对简单 2.公司资金和人力投入较少	1.前期招商难度大，商户质量不可控 2.管理难度大，项目定位和档次或难以突出 3.品牌商家谈判周期长

1.2002—2011年我国奥特莱斯的主要特点

2002—2011年，是我国奥特莱斯的萌芽十年，也称为“传承”的十年，是因为在这十年中开业或筹建的奥特莱斯项目基本上遵循了欧美等国家和地区对于奥特莱斯的基本界定，在经营的概念和建筑的风格上大部分采用了欧美奥特莱斯的理念，较好地传承了欧美等发达国家及地区奥特莱斯业态的模型。而其最初“名品+折扣”的核心概念也被沿用至今，这也成为我国奥特莱斯业态20年的发展过程中被广大消费者普遍认知的基本理念。但北京赛特奥莱宣导的“大品牌，小价格”是对奥特莱斯更精准的描述，消费者也更容易理解，至今“大品牌，小价格”已成为我国奥特莱斯行业的通用话术，在此也特别感谢北京赛特奥莱为我国奥莱行业发展作出的贡献。

2002—2011年，我国奥特莱斯整体的发展速度相对较慢，奥莱领秀（广州）传媒的数据显示，这10年，我国奥特莱斯整体数量为39家（含港澳台地区），该阶段开业的项目目前尚有33家维持存续状态。在最初的5年中（2002—2007年），国内共开设各类型奥特莱斯11家，除开小型特卖场类的奥特莱斯，中大型奥特莱斯总量仅为6家，包括北京燕莎奥特莱斯、哈尔滨华燕奥特莱斯、香港东荟城名店仓、百联奥特莱斯广场（上海·青浦）、广州万国奥特莱斯以及都市奥特莱斯（上海飞洲国际广场店）。目前除了哈尔滨华燕奥特莱斯外，其余5家奥特莱斯均处于正常运营状态。其中，2006年正式开业的百联奥特莱斯广场（上海·青浦）与北京燕莎奥特莱斯一直保持在国内奥特莱斯第一梯队，而2006年开业的广州万国奥特莱斯则以其独特的运营理念，成为国内城市型奥莱的标杆。

相比于第一个5年，2008—2011年我国奥特莱斯则整体相对进入了一个发展的快车道，奥莱领秀（广州）传媒的数据显示，这5年内，国内合计开业奥特莱斯31家（含港澳台地区），其中大中型项目21家。值得一提的是，通过数据比对可以看到，这个阶段是我国优质项目占比最高的阶段，其中也涌现了砂之船奥莱、时代奥莱、赛特奥莱、佛罗伦萨小镇、下沙奥莱、友阿奥莱和杉杉奥莱这些作为国内奥特莱斯主力的项目。尽管2008—2011年，我国的奥特莱斯迎来了优质的发展期，但就当时的市场环境而言，虽经历了10年的发展期，但国内主流媒体和研究机构对其的关注度依旧相对较低，直到2010年依旧有大量的研究者认为奥特莱斯对于中国而言，还是一个全新的概念，中国人对国外奥特莱斯的认知相对浅表化。国外奥特莱斯的特点及竞争优势主要包括：①奥特莱斯集团规模大，资金雄厚；②绝大多数商店销售名牌商品，货源充足；③坚持价廉物美的原则，货真价实，市场规范；④客源锁定在中等收入阶层；⑤坐落于零售活动稀少或偏离市中心的地点，经营成本相对较低；⑥建筑设计简单明了，购物环境舒适。这个阶段我国奥特莱斯面临的问题主要包括：对于本地奥特莱斯的运营管理问题的认知不足，以及我国奥特莱斯企业管理信息化水平低；现代零售业专有的信息技术如品类管理、电子标牌、防损防盗、客户关系管理系统、供应链管理系统等很少应用；管理水平和管理技术落后，缺乏明晰的经营理念。另外，有关部门给出的对策往往是泛泛而谈，缺乏专业性。例如“对开发奥特莱斯实行总体规划与总量控制，认真编制和实施商业规划。以合理确定外资进入规模，谨慎有序地开放中国零售业市场。同时，应给予本土零售企业一些相应支持，比如完善资本市场，给企业创造融资环境，进行宏观调控，培育大型奥特莱斯企业集团，走规模化道路”。在提高营销能力方面，大而化之地认为“为了吸引顾客、在竞争中获得更好的发展，品牌折扣店在服务方面也应不断完善。同时服务还要从细微处入手，比如为各个品牌提供统一货架，方便品牌经营，也使管理更加国际化”。

由于奥特莱斯与“折扣”的强关联，以及其最初为品牌消化库存的强功能关系，国内大量的品牌商并没有将奥特莱斯与销售渠道画等号，因此，奥特莱斯在大多数品牌公司的组织架构中所占的权重往往较低，大部分品牌公司在奥莱拓店的前期，严格参照国外品牌“1：5”甚至是“1：10”的拓店比例原则选择性地开店，部分品牌甚至为了“保护”其品牌声誉，对奥特莱斯有强烈的抵触心理。作为零售场所中最核心的部分，品牌零售商的不理解与不支持，在很大程度上也会成为奥特莱斯快速发展的“绊脚石”。例如，2013年笔者和广州的某品牌老板谈及奥特莱斯业态的时候，对方认为，作为国内高端的零售品牌，应该在消费者面前保持良好的品牌形象，商品一旦进入奥特莱斯，将会被贴上“廉价”的标签，无论是对现有的消费客群还是对品牌未来的发展战略，都无疑会是致命的打击。除此之外，更多的品牌商则是在面对奥莱渠道时，几乎没有任何的重视度可言，这与当时奥特莱斯在我国的整体发展环境有关，但与此同时，这些品牌也错失了奥莱业态的第一波发展红利，甚至丧失了未来在奥莱市场占据有利位置的机会。

任何一种新的商业业态开始被社会广泛认知和接受的时候，都会出现不同程度的“山寨者”的身影，由于市场整体对于奥特莱斯的认知相对模糊，“名品+折扣”是商户给予消费者唯一的认知标签，在当时市场整体相对不规范的状态下，部分企业打着奥特莱斯名义，以“低价”售卖“名品”来诱导消费者的现象也普遍存在，其中更恶劣的有以次充好、以假代真的现象，这种带有强烈伤害性的商业行为在一定程度上不仅让消费者对于奥特莱斯的理解产生了较大程度的偏差，更让部分消费者认为奥特莱斯只卖便宜货，而忽略了其高品质、低价格的基本特征。这也在一定程度上导致部分品牌零售商对奥特莱斯产生了抗拒的心理。

2002—2011年我国优秀奥特莱斯项目见表4-10。

表4-10 2002—2011年我国优秀奥特莱斯项目

项目名称	开业时间	城市	形态	归属公司	公司性质
北京燕莎奥特莱斯购物中心	2002年	北京	盒子式	王府井集团	国有上市公司
百联奥特莱斯广场（上海·青浦）	2006年	上海	盒子式	百联股份	国有上市公司
广州万国奥特莱斯	2006年	广州	盒子式	万国广场	私营企业
砂之船（重庆·两江）奥莱	2008年	重庆	盒子式	砂之船集团	私营企业
下沙奥特莱斯	2009年	杭州	街区式	春竹集团	私营企业
时代奥特莱斯·成都	2009年	成都	街区式	香港华镫集团	港资上市控股公司
北京赛特奥莱	2009年	北京	街区式	王府井集团	国有上市公司
佛罗伦萨小镇·京津名品奥特莱斯	2011年	天津	街区式	RDM Asia	外资企业
长沙友阿奥特莱斯	2011年	长沙	街区式	友阿股份	国有上市公司
杉杉奥特莱斯广场·宁波	2011年	宁波	街区式	杉杉商业集团	美股上市控股公司
深圳大梅沙8号仓奥特莱斯	2011年	深圳	街区式	8号仓	私营企业
南京金鹰奥莱城	2011年	南京	盒子式	金鹰商贸	上市公司
北京斯普瑞斯奥特莱斯	2011年	北京	街区式	斯普瑞斯	私营企业
百联奥特莱斯广场（武汉·盘龙）	2012年	武汉	街区式	百联股份	国有上市公司

2.2012—2021年我国奥特莱斯的主要特点

2012—2021年，是我国奥特莱斯业态真正的爆发期，可称为我国奥特莱斯的黄金十年，也是创新十年，奥特莱斯在这十年发展过程中，迎来了真正意义上的大爆发并逐步形成了我国奥特莱斯的主要发展格局。根据发展情况，将2012—2021年整体划分为3个发展时期，即2012—2015年的混乱期，2016—2018年的多元化发展期以及2019年之后的的数字化发展期。

2002—2011年，尤其是在2011年诞生了大量的优质项目之后，奥特莱斯瞬间成为广受关注的重要零售业态，大量零售企业纷纷加大对奥特莱斯业态的投入，仅2012—2013年，国内便开发出26个奥特莱斯项目。2013年国内老牌零售企业王府井集团通过收购春天百货正式进军奥特莱斯业态，而以房地产为核心业务的北京首创集团也通过房山项目成功涉足奥特莱斯业态。奥特莱斯业态在短期内的巨大成功吸引了政府、零售企业以及地产开发企业的高度关注，奥特莱斯业态也在这个阶段成了诸多地方政府招商引资的重要业态之一，更多地方政府甚至为引进奥特莱斯业态给予投资商经济和政策方面的双重支持。在巨大的利益驱动下，大量开发商企业纷纷开始入局奥特莱斯，而这里说的入局，更多是以奥特莱斯为幌子进行商业用地和住宅用地套利行为。一时间掀起开发热潮，这也导致了行业乱象丛生。

在该阶段内，除了王府井集团和首创置业开始布局奥特莱斯业态，还可以看到以百联股份、砂之船集团、杉杉商业集团为代表的国内奥特莱斯运营商也开始纷纷加码奥特莱斯业态，而外资代表RDM Asia和唯泰集团也开始了对中国市场的进一步布局。截至2015年，国内奥特莱斯业态基本上形成了以百联股份、王府井集团、首创钜大、杉杉商业集团、砂之船集团和RDM Asia为代表的六大连锁体系，目前完成的整体奥莱布局数量已超60家，接近我国现存奥特莱斯总量的30%。奥莱领秀（广州）传媒发布的《2021年度中国奥特莱斯整体运营数据报告》显示，六大连锁体系旗下奥特莱斯2021年度总营业额接近800亿元，占2021年度我国奥特莱斯业态总营业额的56%。

针对前文中提及的当时我国奥特莱斯行业发生的种种乱象，在2013

年第二届中国奥特莱斯行业峰会论坛上，国内多家知名奥特莱斯的总经理也提出，受当时国内投资环境以及政策性调控的影响，众多的开发商、投资商为了调整自己的产品结构，冲出阴霾，把目光投向市场的热门行业和热点话题，奥特莱斯无疑是当时的投资热门话题。利益法则促使众多开发商、投资商尝试调整投资方向。刚开始，由于缺乏对奥特莱斯的深度了解，仅仅凭借对国内少数几家成功运营的奥特莱斯的表象认知和理解，就开始盲目地加入奥特莱斯的开发。事实上奥特莱斯虽然只是零售市场的一个终端渠道平台，甚至可以定义为传统百货或购物中心的延展和补充，但无论是市场开发条件、立店经营条件，还是生存的“土壤”与环境，和传统百货或购物中心相比，都有很大的差异。因此，奥特莱斯在市场开发选择、设店位置的选择以及建筑规划、动线设计等诸多方面都与传统百货或购物中心有着巨大差别，不深度、详细了解奥特莱斯的特质和特征，只会让开发出来的项目陷入“不伦不类”的窘境。再者，奥特莱斯立项的地理条件所带来的较低土地成本诱惑，使部分开发商别有用心，他们假借奥特莱斯名义，向政府获取土地。奥特莱斯成为开发商获取低成本土地的一种开发模式和手段，成为其后期开发、销售其他地产和楼盘的工具，这样的“乱劈柴”，不仅影响了奥特莱斯的正常发展，甚至危及整个行业的健康成长。

招商是关乎每家奥特莱斯（也包括其他商业项目）能否顺利开业、是否具有与众不同的核心竞争力、能否可持续运营的刚性作业，整个招商过程包括市调作业、定位作业、规划作业、商品作业、细则整理、招商策略拟定、招商谈判等一系列系统工作，这需要专业而成熟的团队来组织推动。当时我国奥特莱斯遍地开花，加之各地购物中心等商业物业无序地过度开发建设，导致：一是对专业人才的需求越来越大；二是品牌越来越“矜持”。这两种情况，对招商团队的专业能力提出了更高的要求。但是奥特莱斯的商品方向是品牌，而不是货品，这种以招满为止的招商缺失明确的战略规划、项目定位，不仅招不满商，也无法招到奥特莱斯所定位的目标品牌。另外，甲、乙双方话语权的易位也使得很多项目对品牌资源的整合能力降低，为构建项目的核心品牌不得不做出“流血式”的招商：一是通过买货的招商方式，实现部分品牌落位，这一方式需要开发商或运营商有强大的现金流作为支撑，否则难以为继；二是通过不计代价的补贴来招揽品牌入驻，如果没有与品牌形成双赢的共识，在运营、推广、商品支持上没有进行良好的互动和沟通，难以保证该品牌有良好的业绩表现。这些都将危及后期运营中的现金流腾挪，导致资金链断裂。即使仅仅是策略性“牺牲”，也需让财务做好精准的损益测算。随着奥特莱斯的快速发展以及头部奥特莱斯企业逐步形成高聚合状态，商品的供应链成为制约奥特莱斯发展的重要因素之一，商品资源的稀缺也是导致行业乱象的重要因素之一。前文中已经明确，本土品牌的进入尽管很大程度上缓解了对欧美等国外品牌的依赖，但实际上，欧美等国家的品牌在我国奥特莱斯开设专营店的数量并没有办法满足我国奥特莱斯的发展速度，以及对国外品牌的实际需求，买手店和奢侈品集合店成为众多投资商填补项目内奢侈品空白的主要途径。由于存在巨大的利益驱动，部分企业或个人利用自身拥有的境外资源，为境内奥特莱斯企业提供“境外采购”或“奢侈品授权”成为时下高回报的生意，由于缺乏对商品渠道的识别能力和对商品真伪的鉴定能力，出现大量的以次充好现象，更为严重的是部分不良企业在收取投资商高额的资金后以假冒商品替代正品，谋取高额的服务费和真假商品的价格差。

在商业大环境不景气的情况下，加上电商对传统商业的觊觎和有效的市场瓜分、侵占，目前国内很多传统百货式购物中心的运营空间越来越小，扛不住冲击和压力的它们，试图谋求出路和转型，做所谓的“城市型奥莱”。城市型奥莱在国内确实有一些成功的案例，但这些项目均是在商业生态环境较好的城市、品牌资源相对丰富的地区开展，虽然项目规模不大，但如果随意跟风，难以形成自己的核心竞争力，长此以往必将陷入新版的同样同质化严重的后百货时代，这就是奥特莱斯市场之乱。我国奥特莱斯之乱，在很大程度上与当时国内成功的奥特莱斯有关，许多投资者被这些成功的结果所引诱，盲目涉足奥特莱斯。

3.奥特莱斯的多元化发展阶段

经历了奥特莱斯的萌芽期以及混乱的投资发展期，我国奥特莱斯也在朝着本土化、多元化的方向发展，2016年1月，奥莱领秀峰会便提出了“三四线城市的奥莱”“城市型奥莱”“文旅奥莱”以及“数字奥莱”等未来奥特莱斯重要的发展方向。笔者在《2015中国奥特莱斯行业发展报告》发布的时候就说过，2015年之前我国奥特莱斯的选址依然是以省会城市为主，从2016年开始我国奥特莱斯将会实现除极少边远地区以外的非省会城市的全布局，随着大型连锁奥莱的布局完成，一线城市以及部分二线城市的奥特莱斯的容量将会进入相对饱和状态，三四线城市的奥特莱斯则将迎来重要的发展机遇。

（1）城市型奥莱的发展机遇

在传统的认知中，三四线城市消费者对于品牌的认知度较一二线城市消费者有天然的落差，而这种落差会导致在消费过程中的理解偏差，比如，Coach这一类的品牌在一二线城市拥有较大的拥趸，然而在三四线城市却未必有人认识，这是客观存在的事实，因此，项目也很难邀请这一类品牌进入三四线城市，那么为什么说三四线城市会更需要奥特莱斯呢？原因有三：

①三四线城市现有的商业模式较为落后，新型商业模式存在巨大的商机。目前我国大量三四线城市的商业依然停留在临街商铺和传统百货等模式，根据一二线城市零售的发展规律，这类商业模式是无法满足现有消费者需求的，在这种情况下，新型商业模式的出现，将会对现有老旧的商业模式形成极大的冲击，就像当年购物中心对传统百货的冲击一样，奥特莱斯是目前相对较新的线下零售商业模式，它的出现，将会给三四线城市现

有的商业模式带来颠覆性的认知和冲击，也会为三四线城市的消费者带去全新的消费理念。

②三四线城市消费观正在发生巨大的变化。相对于2010年之前，我国三四线城市的变化无疑是巨大的，这一点电商已经证明。虽然个人消费总量尚无法与一二线城市相比，但电商正在逐步改变三四线城市消费者的消费习惯与观念，阿里巴巴的数据显示，有的三四线城市人均网购额度和次数是超越一二线城市的。三四线城市可能没有沃尔玛、Zara、CBD购物中心，但通过淘宝、天猫、京东等购物平台，他们可以享受与一线城市一样的购物资源，网络电商成为他们重要的消费出口。同时，三四线城市的年轻人不但“有钱”，还“有闲”，三四线城市不像一线城市竞争激烈，年轻人普遍不会多加班，通勤时间较短，成本也低，所以他们有更多时间去享受生活服务消费。

③三四线城市需要城市型奥特莱斯。与一二线城市的奥特莱斯不同的是，三四线城市不可能高举高打，在没有特殊条件的情况下，不太可能出现动辄10余万平方米的大型奥特莱斯，这不仅要考量三四线城市消费存量的问题，还需要考虑投资者的回报问题。由于受到人口规模、区域范围以及现有的商业模式等条件制约，三四线城市奥特莱斯的商圈辐射范围一定不会太大，同时，奥莱也不可能要求三四线城市的消费者驱车几十公里去更远的“郊区”买东西。因此在选址上，三四线城市的奥特莱斯的发展应该以现有的百货为基础进行布局，通过对现有的零售业态进行改造、升级、转型来满足奥特莱斯的落地，也就是经常提及的城市型奥莱模式。

在针对三四线城市的奥特莱斯发展前景的论述中，可发现城市型奥莱作为我国奥特莱斯第二阶段发展过程中重要的组件，存在重要的意义。城市型奥莱不仅会是我国奥特莱斯下沉至三四线城市的重要突破口，同时，也会是一二线城市存量资产转型的重要路径。

针对城市型奥莱，笔者认为首先有两个关键词，第一个是城市，第二个是奥莱。既然是奥莱，那么该商业就必须符合奥特莱斯应该有的一切标准。即最初的品牌直销、低价以及距离市中心有一定的距离。然而，以距离划分郊区型奥莱和城市型奥莱是有问题的。随着我国城市化进程的加快，城市的边际效应已经逐渐被模糊，一个城市拥有多个中心已经成为既定的事实。城市型奥莱位于城市中心或新兴的商业地段，优越的地理环境和便捷的交通更符合我国国情，同时更有利于知名品牌的入驻，形成聚集效应。此外，城市型奥莱所拥有的商业特质将使得它重新定义城市生活。关于城市型奥莱的发展潜力，可从如下几个方面进行论述。

第一，存量物业的转型与升级。近些年，随着各类商业综合体拔地而起，各商业业态之间的竞争已经非常激烈，作为折扣商业的代表，城市型奥莱的崛起，在很大程度上为消费者提供了更具有性价比的商品，在消费领域，性价比高无疑就是刚需。目前看到的城市型奥莱大多数体量并不大，对存量物业和传统百货而言，城市型奥莱是其转型升级的重要出路。

第二，城市型奥莱有望提供二三线城市商业转型的机遇。截至目前，二线城市和三线及以下的城市型奥莱共有40家，占据我国城市型奥莱的比例接近50%。对于一线城市而言，无论是消费力还是政策性机遇，奥特莱斯往往都能获得大量的资源，反观低线城市，并没有优质的消费资源，大型的商业综合体发展起来相对比较吃力，小而轻快的城市型奥莱不仅可以满足消费者消费升级的需求，同时也可以在奥莱与社区商业之间进行有效的切换，使次级城市商业发展具有更大的活力。但值得关注的是，从传统的零售商业转型为城市型奥莱，绝对不只是更换名称这么简单，这需要经营者转换思维模式，要打破边界不断创新，如果不能以奥特莱斯业态的经营思维为依托，那么转型成功的概率或将大大降低。

（2）文旅奥莱的发展机遇

无论是三四线城市的奥特莱斯的发展还是城市型奥莱的发展，在一定意义上，这两条道路依然是以零售为核心的商业业态，或者说是“奥特莱斯+”的产品衍生品。2016年我国旅游业迎来了高速发展期，旅游市场激增的背后隐藏着极其庞大的游客需求，以旅游闻名的城市也将迎来巨大的市场空间，同时，“文旅”概念被广泛地应用在商业地产范畴，“奥特莱斯+文旅”的可行性也被业内人士广泛讨论。

2016年6月16日，上海迪士尼小镇开园引发业内的高度关注，继法国巴黎之后，“迪士尼+奥特莱斯”的经典组合再次出现。迪士尼无疑是全球最具影响力的游乐品牌，比斯特上海购物村的母公司唯泰集团是全球最负盛名的奥特莱斯运营商之一，唯泰集团旗下的欧洲九大购物村更是全球“购物狂”向往的圣地。上海国际旅游度假区位于上海浦东新区中部，规划面积约24.7平方千米，其中核心区约7平方千米。上海迪士尼度假区位于上海国际旅游度假区核心区，占地面积约3.9平方千米，包括迪士尼主题乐园，主题化的酒店、零售、餐饮、娱乐、停车场等配套设施，以及中心湖、围场河和公共交通枢纽等公共设施。比斯特上海购物村是由上海申迪（集团）有限公司联合欧洲知名奥特莱斯运营商唯泰集团共同投建的项目，比斯特上海购物村位于迪士尼主题乐园的东南门，在迪士尼地铁站4号口奇妙路接驳站搭乘1路巴士5分钟即可抵达购物村，二者可以直接有效地转化客流。在业态的组合上，这是我国奥特莱斯项目中组合最接近文旅奥莱的项目。但是要注意的是，迪士尼作为全球的娱乐品牌，其拥有的号召力和其粉丝的体量和黏性是其他项目无法比拟的，因此，以迪士尼作为旅游度假的依托，对于全球绝大多数奥特莱斯项目而言，本质上都不具备借鉴的意义和可复制性。

作为国内奥特莱斯向生活中心化转型的推动者，北京首创奥特莱斯早在2014年时便开始另辟蹊径，最先提出“奥莱综合体”的概念，以期给消费者带来不一样的感受。作为目前华北地区规模最大的近郊型商业项目，“奥莱综合体”不仅满足了周边客群的基础需求，而且在提升对城市客群的远端吸引力方面，其长期以来打造“微旅游”概念，织造场景，提升客户的休闲体验，增强家庭娱乐互动，打造轻松惬意的购物环境以满足消费者“短途游”的需求。在场景的打造上，北京首创奥特莱斯从开业起，就不断探索不同形态的商业场景，整合建筑的环境装饰，营造出各种各样的休闲体验场景，比如打造荷兰风情节、欧洲风情节、非洲风情节、冰雪嘉年华、沙滩文化节、台湾特色春节等，以丰富的主题推广活动与消费者互动，形成体验式“微旅游”的亮点，让顾客不仅实现购物目的，更能寻找到一种放松休闲的生活方式。因此，北京首创奥特莱斯不仅成为众多家庭客群的首选目的地，也成为全国购物中心里为数不多的国家AAA级旅游景区。

无独有偶，位于武汉盘龙城的百联奥特莱斯广场在过去的数年里，也在不断积极推进“奥特莱斯+旅游目的地”的模式。以云梦泽为大前提的大盘龙旅游度假概念，结合自身的内容创造能力，将百联奥特莱斯广场（武汉 · 盘龙）很好地与之链接，让百联奥特莱斯广场（武汉 · 盘龙）不仅成为武汉人民周末度假休闲的首选地，同时也让其成为盘龙文旅的桥头堡。2020—2021年，武汉百联奥特莱斯广场也凭借其独特的“奥特莱斯+主题公园”的概念，先后获得“湖北旅游名街”“湖北特色商业街”等湖北省知名商业品牌荣誉。

无论是与度假项目、景区的融合又或者是对度假概念的重塑，文旅与奥特莱斯概念的互融，在一定程度上是打破奥特莱斯纯零售形态的一种手段，为奥特莱斯的多样化发展提供了更多的思考。但任何新的事物在发展的过程中，都会存在各种各样的问题，由于旅游或度假的概念在某种程度上同样存在着不可复制性，因此，在选择文旅奥特莱斯的时候，依然要坚持以数据为支撑点，以本地特色来完善项目的内容建设。同时，在考虑项目建设的过程中，应最大化地将奥特莱斯的内容与本地文旅的元素结合，让奥特莱斯的内容和产品与本地的旅游、人文等元素之间有较好的关联性，最大化建立“游客”与“顾客”之间关联的必然性，让“游客”成为

“顾客”。目前，我国文旅形态的奥特莱斯还处在较早的发展阶段，还存在着巨大的可能性和想象空间，但文旅奥莱项目属于投资金额大、回报期较长的项目，因此，在投资前期，需要对整个项目进行完整的市场评估和风险评估，同时对于产品和内容的设计也会比其他同类型的商业项目更加有难度，我国可供参考的成功案例不多，需要投资者有更强的实力与耐心。也期待更多有文旅资源的地区打造出更符合我国国情的文旅奥莱项目，改变消费者对原来糟糕的旅游商业的认知，为消费者带来一种轻松有趣的奥莱生活方式。

（3）奥特莱斯的数字化发展阶段

从2015年的“互联网+”到2017年的“新零售”，移动互联网正在快速改变着我国网民的消费及生活习惯，也在试图改变传统的零售商业与电商之间的对立关系，通过打通线上、线下实现全渠道的零售业态成为潮流。随着新零售概念被广泛地关注，BAT三巨头（百度、阿里巴巴、腾讯）也纷纷加码新零售概念和应用的推广，传统零售企业包括银泰集团、天虹集团等依托互联网巨头企业的资源与技术，纷纷加入新零售的赛道，线上与线下的边际随之变得更加模糊。

移动互联网的出现和普及，尤其是阿里和腾讯两大互联网公司的应用级产品的出现，已经悄然改变了大部分人的生活方式，2021年腾讯发布的数据显示，目前微信年活跃用户已达12.6亿，微信支付分已经有50%的微信用户开通，覆盖了超过3000个商业便民场景。基于微信支付分，电商、出行、快递、充电桩等场景的“先用后付”功能使用人数突破1亿。实际上从2011年1月21日开启公测以来，微信改变了很多人对手机基础功能的使用方式，也成为很多人社交、工作中使用最频繁的App。而近两年，以抖音为代表的内容平台也迎来了高速的发展，内容推动下的直播产业以及电商带动下的直播产业在2020—2021年迎来了前所未有的发展机遇，加上新冠疫情防控的常态化，线上的优势被进一步释放。据媒体估算，快手与抖音2021年全年直播带货销售额已达1万亿元。换言之，无论是消费者的可支配时间还是可支配收入都已经被微信和抖音等移动互联网企业占据，那么只有充分且有效地利用互联网工具，才可能在未来的商业活动中充分贴近用户的使用习惯和场景，另外，也只有更贴近互联网的风口，才可能从传统的获客渠道中解放出来，借助新的工具和渠道获取未来的客户。而自2020年疫情暴发以来，线上获客和在线交易的作用越发明显，在这种特殊的环境下，线下实体零售商业开始纷纷转移至线上，通过互联网工具与消费者产生链接。

案例解读

1. 百联股份：全渠道

i百联电商平台是全国著名的商贸流通企业百联集团整合旗下原百联E城、联华易购、百联股份网上商城3家网站，以BL.com网站、i百联手机App以及i百联微信公众号构成的线上线下互通、互融、互动的全新区域垂直商务电子化平台。i百联电商平台以百联集团旗下的购物中心、奥特莱斯、百货、大卖场、标超、便利店、专卖店等全业态品牌企业为支撑，以有亮点、富特色的商品和体验为核心，将商店、商圈、物流链与消费者串联，形成全时段、全客群、全渠道的商业生态圈。

2. 杉杉奥特莱斯：线上商城

杉杉奥特莱斯新零售平台以客户为核心，导入优质品牌供应链资源，为未来经营模式的转变奠定基础，有效应对市场激烈竞争，助力企业在数字经济上赢得新竞争优势。与此同时，杉杉奥特莱斯新零售平台倒逼“人货场”重构，以数据驱动，简化决策流程，同时通过培养大批数字化员工队伍，提高管理人员与员工的数字技能水平。

杉杉奥特莱斯线上平台是基于线下线上融合的新零售模式，提供多样化服务，以此提升用户活跃度和黏性，以特色内容及直播板块增强社交属性，降低使用门槛，使从业者及顾客更易上手。平台利用线上大数据，提升线下门店精细化运营，以奥莱商品为主，增加更多性价比超高的人气商品，为线下门店增加第二销售渠道，提高门店店效，提升品牌库存周转率。

3. 8号仓奥莱：蜜蜂互联

深圳市蜜蜂互联网络科技有限公司是中国实体商场数字化转型整体解决方案服务商，为行业提供用于数字化转型的技术系统、客户成功服务及代运营服务。现有团队成员150多人，其中技术人员100多人，志在成为引领实体商业新零售发展的新一代科技服务公司。蜜蜂互联助力8号仓奥莱探索以8号仓实体门店为依托的新零售业务，取得良好成效。

4. 友阿股份：友阿购

2019年友阿股份推出自主研发的、以小程序为载体的直播购物平台——友阿购，正式踏足直播领域。公司董事长胡子敬提出“让每个品牌柜组都是直播室，每一位员工都是直播员”，友阿股份积极推行全员线上化，启动全员直播，联动赋能一线导购，直接让“柜姐”上阵通过“友阿购”直播，友阿股份成为全国首家零售集团全员推广小程序直播的企业。

通过上述四家奥特莱斯运营商的新零售探索可以发现，对于新零售工具的应用和探索，每家企业都处在不同的发展阶段和路径，相对而言，百联股份和友阿股份因为旗下涉及大量的购物中心、百货以及奥特莱斯等业态，新零售更多是基于集团庞大的生态和系统数据做内循环，杉杉商业集团则凭借旗下奥特莱斯与小程序应用的结合，以线下门店与小程序的双向流量整合为基础，拓展公域流量和私域流量的深度运营，而蜜蜂互联则更加偏重于数据性以及功能的普遍性、适用性。但无论是哪一种，其实都是在重新梳理和再造供求两端的链接与交易关系，将电商时代已失衡的供求关系进行纠正，以达到资源利用最大化的目的。在这个过程当中，对于供求关系的梳理和纠正是相当重要的，如果缺少了这一点，所说的新零售都可能会偏离原有的方向。

但是，改造传统零售其实并不是一件简单容易的事情，它需要强大的资源作为支撑，并且要弥合互联网企业与传统制造企业之间的障碍。如果互联网企业与传统制造企业无法实现真正意义上的融合，所谓的新零售其实只不过是一个虚假的概念而已，并没有任何新意。因此，真正弄清楚互联网企业与传统制造企业之间的关系，才是让新零售得以落地的关键所在。既然称之为新零售，其实最为重要的是弄清楚它与传统零售的区别。在探索新零售的过程当中，再用传统的关系来定义新零售时代各方之间的关系其实是错误的。但实际上，在当下的新零售市场当中，用传统的定位来界定新零售时代各方之间关系的现象一直都在发生着。当无法找到一种新的方式来重新定义新零售关系的时候，也就无法真正找到落地新零售的方式和方法，那么，所谓的新零售也就只是一个概念。这是现在的新零售市场上普遍存在的一个现象。这种现象所导致的直接结果就是新零售的概念提出了很多年，但是，却始终都处于一种难以破局的状态，最终让很多人开始怀疑所谓的新零售是不是就只是一个概念而已，并没有任何实质性的内涵和意义。其实不然，既然新零售是建立在供求关系的重构基础之上的，那么，它的衍生和发展必然有其合理性。新零售之所以这么多年一直都鲜有进展，其中一个很重要的原因在于始终都没有找到一种合适的方式来定义各方之间的关系，而这种关系的再定义往往关乎互联网企业与线下实体零售企业之间角色定位的本质不同，而实际上，无论是互联网企业还是线下实体零售企业，转换战略往往都很快，但主体角色的转换往往并不容易，主体角色的转换在很大程度上将会决定新零售路径是否顺畅。另外，打通线上与线下还有一个核心的要点就是利益的分配模式，无论是传统电商还是线下零售企业，在长达十余年的经营过程中，已经生成了固有的盈利模式，新零售之所以“新”，除了构建新的链接和销售模式外，更多的还是重新构建与厂商的合作关系，因此新的利益分配模式也会成为新零售路径上重要的制约因素之一。

未来的零售是不区分线上线下的，传统的零售和电商一定会走向融合。消费者已经习惯线上消费，当今时代，哪里有流量哪里就有生意。

第三部分
我国奥特莱斯的健康十年

从2002年至今，奥莱在我国已经发展了20多年，尤其是最近的5年，我国奥莱业态整体呈现出快速的发展趋势，无论是从品牌公司的意识形态上还是从奥莱的投资上，都可以看到，当前奥莱已经初步形成了以头部奥莱和头部品牌为基础标准的扩张模式。在不涉及未来政策变化的情况下，我国的奥莱业态将逐步由高速扩张的形态向精细化运营的方向升级。在保障我国奥莱整体规模和年产值有效增长的背景下，我国奥莱迎来第二个风口期，这一时期更多需要关注的是奥莱业态的健康值和奥莱业态的生态化发展。

早在2015年之前笔者就提出，在关注奥莱高速发展的背后，更需要关注奥莱的生命周期和健康值，无论哪一种业态都会随着社会的高速发展和科技的进步不断调整其在社会生活中的位置与重要性。过去的10年间，奥莱业态得到了广泛的关注，也成为商业地产投资的热土，但是要看到，作为零售行业的细分业态，除追求投资回报等因素外，更需要关注的是投资者、运营商、品牌商、消费者以及地方民生部门等的共同发展与多赢。只有关联的上下游资源都能够在这样的业态中享受到奥莱业态所带来的红利，这个业态才有可能长久发展下去。后文将主要从如下两个问题展开讨论：

①我国奥莱业态当下的机遇与痛点是什么？

②我国奥莱产业细分带来的机遇与挑战是什么？

第一章
我国奥特莱斯业态当下的机遇与痛点

任何一个业态或者行业都必然会经历萌芽期、红利期、爆发期、平稳期和衰落期，放眼过去的20年，我国奥莱业态基本上已经经历了萌芽期、红利期，目前正处在相对的爆发期，接下来，我国奥莱仍将处在一个相对的爆发期内，并适度地向平稳期过度，作为奥莱的从业者，我们需要认真思考，在接下来的阶段，奥莱的机遇在哪里，奥莱的困境又可能会在哪里？基于这个出发点，谈下我对未来我国奥莱整体发展的两点认识：要了解品牌供应商结构性调整带来的变化与机会；在谈及品牌供应商的结构性调整之前，先大致了解我国服装品牌过去30年的整体发展史，以帮助我们正确地认识服装企业过去30年的变革。

1.第一阶段：1990—2000年，服装批发商时代

20世纪90年代是我国服装行业发展的初级阶段，其竞争格局尚未形成，整体呈现供小于求的状况，本阶段最现实的特征是只要最终产品质量好、品质优即可满足消费需求，因此产能的扩张是企业发展的核心驱动力。

2.第二阶段：2000—2010年，服装零售商时代

自进入21世纪以来，随着服装行业进入成长期，服装消费逐步升级，大批优秀的品牌逐步涌现，但是由于整体市场的容量较大，服装企业可以进行个性化大规模扩张而不用过多考虑产品销路，企业间的竞争更像是一场圈地运动，竞争方式主要表现为店铺资源上的竞争，渠道扩张是企业发展的核心驱动力。

3.第三阶段：2010年以后，服装的后品牌时代

进入2010年以后，服装行业进入发展的成熟期，转型升级步伐加快，行业整体趋势表现为高端服装品牌逐步崛起，差异化服务成为服装企业的核心驱动力。同时，服装企业的渠道布局空间逐步被压缩，以往单纯依靠开店扩张即可支持业绩增长的方式已经难以为继，而由于行业壁垒相对较低，受到来自国内对手和国际品牌的双重压力，直营门店库存累积、加盟商压货等较为严重的现象，均对我国服装企业的生存和发展提出了新的挑战，加速了其优胜劣汰进程和行业的战略转型。

服装企业的变革见图1-1。

产能、渠道和差异化服务是我国服装行业三个发展阶段的核心关键词，渠道作为服装企业链接消费者的重要手段，也是所有服装企业自身除商品之外最为核心的内容。在很长一段时间内，我国服装企业的渠道

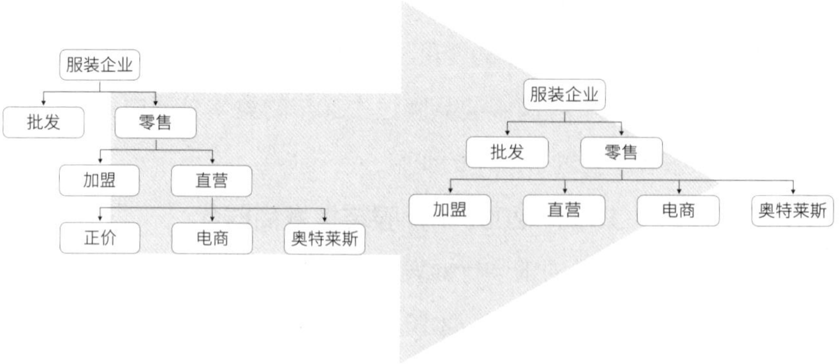

图1-1　服装企业的变革

管理架构主要为直营，电商和奥莱早期都属于直营团队，随着电商和奥莱的市场份额不断扩张，部分企业将两条管理支线重新划归为管理干线，实现多渠道的并线和扁平化管理。通过对比我国优秀的服装品牌管理公司的实际案例，可以发现，将奥莱从原先的直营体系中剥离出来具体有如下几个优点：

①渠道开发自主权；

②商品结构自主权；

③商品定价自主权；

④决策的高速流转。

不难看出，将奥莱从原有的直营部门独立出来，首先能够最大化地降低在决策过程中的能耗问题，最大化地推进重大决策的进程，为品牌公司快速实现市场机制的匹配起到重大的作用。而脱离原有的正价体系所拥有的商品、渠道和定价的自主权，最大限度地保障了市场与企业内部之间的无缝衔接，缩短了不同体系之间的拉扯周期。而事实也证明，当奥莱拥有了有绝对独立自主权的品牌公司，在市场上往往都会有相对优秀的成绩表现。在这里要特别说明一点，在我国私营企业中，许多重大决策本质上都是“老板工程”，因此，想要真正实现奥莱渠道的独立性，必须要求企业的老板能够在认知上将奥莱业态放在企业零售渠道发展的并行关系上，在此基础上指定对应的战略目标并赋予奥莱独立的管理权限后，才能实现奥莱渠道的更好发展。但是在某种程度上，这对于很多服装企业的老板来说显得并不容易，尤其对于一些传统渠道（加盟商体系和正价体系）颇为庞大的品牌公司，将奥莱渠道独立出来，一定程度上会对原有的渠道体系形成不同程度的挤压。特别是部分品牌公司在其特定区域的加盟商或代理商市场份额巨大的情况下，加盟商或代理商对品牌公司在区域内布局奥莱业态存在一定程度的抵触情绪或行为，如何有效地平衡原有的渠道与奥莱渠道的利益，是部分服装企业不得不慎重考虑的问题。

要想在分销渠道分歧上破冰，最好的方法就是在不破坏原有合作关系的基础上，实现多渠道的利益多赢，让原有的渠道商家能够最大化地共享奥莱带来的利益增长点，根据具体情况，双方商定新型的合作关系，其中包括但不限于区域的追加授权管理。国内部分品牌在这个问题上选择与地方的加盟商进行“地方为主，公司为辅，改订货制为联营制”的合作方式，以品牌公司为奥莱业态的主要拓展管理方，结合地方的加盟商或代理商为落地管理，双方共享新渠道带来的增量收益。在加盟商或代理商不看好的项目中，由品牌公司先进行拓展和运营，等渠道成熟后再纳入双方的联营范畴，既保障了品牌公司渠道拓展的力度和速度，也保障了地方代理商或加盟商的实际利益，并根据实际的合作情况，重新梳理双方的合作关系与合作区域。此举可以在很大程度上缓解服装企业在渠道上的内部冲突，更为关键的是，由于品牌公司负责渠道的统一管理，还能最大化地帮助有意愿的地方代理商或加盟商快速地切入当地的优秀项目。奥莱商品组合比例及业绩占比见表1-1。

表1-1　奥莱商品组合比例及业绩占比

类目	新品在架	奥莱专供（电商）商品	两年以内库存商品	两年以上库存商品
商品比例	15%~20%	35%~40%	35%~40%	10%~15%
业绩占比	15%~20%	45%~50%	30%~35%	5%~10%

通过上述内容可以发现，无论是企业内部组织架构的变化还是终端渠道的变化，进驻奥莱已经成为诸多品牌在线下商业布局的重要举措，而随着组织架构带来的变化，最直接的体现就是奥莱中商品架构的变化以及价格体系的变化。2021年，我们针对国内主流的奥莱和品牌零售商在售商品的比例结构和利润占比做了一次调研，调研结果显示，目前在我国奥莱业态中，正价商品的占比和奥莱专供商品的占比整体上都在50%左右，其销售业绩占比接近60%。这在很大程度上打破了很多人对奥莱作为商品“下水道”的传统认知，是什么在改变奥莱中的商品结构？为什么会发生

这样的变化？我们先来看看过往的服装品牌公司是如何处理库存的：

①特卖会；

②奥特莱斯；

③电商渠道；

④尾货市场。

由于服装属非标准商品，库存对于服装企业而言，是永远都绕不开的话题，库存商品规模过大不仅会极大地占用服装企业的资金成本，产生的管理成本也非常巨大，因此有效控制库存规模是每一个服装企业绕不开的话题。在奥莱和电商渠道出现之前，服装企业主要的库存消化渠道要么是参加各种类型的特卖会，要么就只能以极低的价格出售给尾货市场。如果说特卖会在品牌形象的维护上还可控的话，那么尾货市场的多次转手对于品牌的伤害则完全是不可控的。由于特卖会具有周期性，在很长的一段时间内，奥莱和电商成为品牌库存流转的主要通路。经历了长期库存痛点的品牌公司在过去的十年间，不断通过提高经营手段来提升商品的流转率，同时，通过大数据和供应链的整合优化产能，并利用多渠道的管理最大化地降低库存占比。另外，奥莱和电商在长期发展过程中也逐步摆脱了对大幅度折扣库存商品的依赖，为消费者提供更高性价比的商品和更好的购物环境体验，并逐步形成了区别于传统零售商业的核心竞争力，从而成为受到广大消费者喜爱的零售场所。消费者对奥莱认知结构的变化带来了消费变化，也迫使奥莱的经营者和品牌供应商在这种变化中寻找和消费者更紧密的契合点。因此，奥莱也成为服装企业更全面展示自身品牌价值的场所，同时也是吸引品牌粉丝的重要渠道。笔者认为，大环境不好的时候，消费者需要奥莱，大环境好的时候，消费者喜欢奥莱。奥莱在很大程度上不仅仅是一个重要零售场所，还是一个帮助品牌公司培养潜在消费者的场所，对于品牌公司的消费者结构调整，也具有极其重要的作用。

奥莱渠道对于服装企业的重要性，相信绝大部分企业都清楚，服装企业要做好奥莱的生意，就必须跟着奥莱业态整体发展的节奏往前走。根据上述内容基本可以判断，服装品牌公司想要做好奥莱业态，必须做好如下几项工作：

①奥莱渠道的建设必须是企业的主线业务，而并非其他业态的支线业务或附属业务，要有明确的战略目标和规划；

②奥莱渠道必须有独立的事业群（部）编制，能最大化地降低企业决策过程中的周期和能耗，便于快速地根据市场的变化调整内部的策略等；

③奥莱渠道需最大化地实现直营化，尽量减少中间的流通环节；

④奥莱渠道有足够的货品决定权和商品定价权，有独立的财务核算方式；

⑤奥莱渠道与电商渠道协同合作。

当然，不同规模和性质的企业，在整体的发展上需要根据其实际情况去调整未来的经营状态，找到一条适合自己发展的路径才能够在未来的市场竞争中找到舒服的状态，一味地照搬其他企业的方法最终可能给自己带来毁灭性的打击。更多的是需要站在奥莱发展的节点上看到整体的发展趋势。

其实在本书的第二部分，关于我国奥莱目前的发展现状已经讲了很多，其中有关城市型奥莱的发展现状已经阐述了很多，在这里，不对城市型奥莱存在的意义做过多的赘述。我们都很清楚，在过去的20年间，我国奥莱主要划分为综合型奥莱、城市型奥莱和文旅型奥莱，但随着近些年来零售商业和商业地产的不断融合，地产和零售之间的边界变得越来越模糊，但与此同时，我国奥莱业态也在不断地细分和产业化。作为我国奥莱行业的观察者、推动者，笔者接下来将对未来我国奥莱业态的发展做出分析。

第二章 我国奥特莱斯产业细分带来的机遇与挑战

一、城市型奥莱的细分与升级

前文说过，城市型奥莱是当前市场存量资产进行转型升级的重要途径，尤其是对于一二线城市而言，大量百货时代遗留下来的存量资产可为其提供大量的商业机会，但是其整体物业老旧、规模较小等条件又在一定程度上制约了其多业态并行发展的空间，这也是目前多数城市型奥莱的发展现状。随着一二线城市存量资产的不断增加以及二三线城市奥莱的热度不断升温，我们传统认知中的城市型奥莱也开始出现细分的情况。

第一种是现有的老旧存量物业的改造升级，保留奥莱的核心概念以及部分的配套业态，满足流动性客群的消费需求。

第二种是以社区或区域为中心的新增商业体，这一类城市型奥莱往往在配套上比存量物业改造的项目要更加丰富，它不仅保有奥莱的核心元素，同时兼具了生活中心的功能配套，比如引入电影院、生活超市或大型超市、美体美发、亲子教育等生活配套业态以满足周边居民的日常生活需求，这一类奥莱未来将在更多的二三线城市甚至三四线城市发挥商业升级作用，也会是未来城市型奥莱发展的重要模式之一。

城市型奥莱与社区型奥莱的特点见表2-1。

表2-1　城市型奥莱与社区型奥莱的特点

奥莱类型	交通依赖程度	人口属性	功能配套
城市型奥莱	强需求	以流动人口为主	以餐饮娱乐配套为主
社区型奥莱	一般性需求	固定人口	生活服务配套+餐饮娱乐配套

二、文旅型奥莱的细分与升级

文旅型奥莱的概念其实由来已久，2004年上海有关部门曾提出“商旅文结合”的概念，其大多分布在上海市及其周边地区。2012年，人们对“文商旅”的认识有了新的突破，塑造了“文商旅综合体”新概念。通常理解为，文商旅综合体是以大型建筑或景观带为载体，通过对建筑或景观进行功能分区，以文化作为吸引物，以旅游带动人流，以商业促进消费，在旅游和购物活动中实现文化和商业的价值，最终推动文化、商业和旅游的融合式发展。2019年，《国务院办公厅关于进一步激发文化和旅游消费潜力的意见》中提出“文体商旅综合体”的概念，并加入了体育大类。自此，“文体商旅综合体”正式进入人们的视线。相较于传统商业综合体，“文体商旅综合体”更突出文化、旅游、商贸和体育等元素与相关业态，在城市更新大背景下，传统商业综合体面临转型难的问题，文旅和体育消费又缺乏植入空间。传统商业、文化、旅游和体育业态的结合可谓“天作之合”。文旅和体育消费业态能够成为当前赋能传统商业综合体转型的重要抓手，传统商业综合体又为文旅和体育消费业态提供了颇具区位竞争力的优质空间。政府、综合体运营商和业态从业者在转型升级过程中应着力探索各种“多赢”的创新发展模式。

由于文体商旅资源在本质上存在着广泛性和不可复制性，可将文旅型奥莱划分为如下不同的类型：

①微度假型奥莱：“主题公园+奥莱”。微度假型奥莱概念大概在2017年由北京首创奥特莱斯首次提出，微度假的核心概念更多是基于奥莱项目的景观性或以主题游乐为核心的周末短途游，为消费者提供场景化和游乐化的社交场景。其优点在于可以通过更多元化的场景服务吸引消费者，提高其到店频次，通过匹配度和黏合度较高的商品组合提升销售业绩。

②假日型奥莱：“主题/旅游景区+奥莱+酒店”。假日型奥莱对于文化的主题内容要求相对较强，对于消费者而言，前期文化或游玩的内容的吸引力在一定程度上要大于奥莱本身，而作为整体项目中的业态之一，奥莱一方面起到重要的引流作用，另一方面更是流量转化的重要工具。假日型奥莱相比于微度假型奥莱，在内容上更具有优势，对于消费者的获客面更加宽泛，与此同时，消费者整体的停留时间相对于微度假型奥莱也会更长，这就要求项目在配套业态和夜间提供更多元化的服务。在假日型奥莱的概念中，可以植入的主题内容不仅依赖于主题乐园、地方人文等游乐或景观性内容，在跨界领域也存在极大的可塑造性，比如音乐公园、体育公园等概念也可以作为其重要的内容建设辅以支撑，整体上存在较强的可复制性。

③旅游型奥莱：“旅游小镇+奥莱+酒店”。首先要明确的是，从内容建设上看，旅游型奥莱与微度假型奥莱有诸多的相似之处，但相对而言旅游型奥莱更加注重内容的建设和文化的输出，旅游的内容和服务在整个项目中占据的比重也会远远大于前两者，与此同时，消费者在这一类型的项目中整体逗留的时间也相对更长。

作为文商旅概念中要求最高的商业形态，旅游型奥莱往往在资源上存在独一性和不可复制性，因此对于投资商资源的把控和整合能力要求相对比较高，对于物业的生态建设和经营有着极高的要求。与此同时，这一类型的项目在很大程度上同地方政策和管理部门具有极强的关联性，要想将多业态之间的关联性打通，往往需要多部门的沟通与协作。

在上述三种类型的奥莱中，内容建设差异是最表象的差异，但就运营而言，微度假和旅游概念之间，最大的区别是大项目的核心竞争力差异，微度假型奥莱是在强化奥莱内部的场景，更多的是主张社交或亲子交流；假日型奥莱的核心是在不断强化主题乐园等与奥莱（或其他商业）之间的强关联，利用优势资源的共同引流占领消费者的时间，业态之间大多属于并行关系或强依附关系；而旅游型奥莱则更加注重情感和心灵的建设，相比之下，旅游型奥莱更像是封闭式的场景管理，通过一站式的业内组合完全获取消费者在某一个较长时间段内的所有时间（见表2-2）。当然由于三种类型的奥莱在整个项目中占据的比重不同，因此，三者对于消费者的流量转化也完全不同，尤其是旅游型奥莱，最大的问题就在于如何将游客转化为顾客，而这一点是当前所有旅游商业都未能攻破的难题之一。

表2-2　三种类型奥莱的对比情况

奥莱类型	奥莱关联	消费距离	逗留时间	消费关联	酒店等业态需求	交通需求
微度假型奥莱	核心关联	短途	1天以内	强关联	一般	较强
假日型奥莱	强关联	中距离	1~2天	强关联	较强	较强
旅游型奥莱	弱关联	长距离	2天以上	弱关联	极强	较弱

三、复合型奥莱的优势与未来

在过去的二十年中，我们基本上是以距离、建筑形态或业态的组合来对奥莱进行分类，而在实际应用中，“小镇式”奥莱和“城市型”奥莱是业内最常用的两个专有名词，随着我国奥莱的不断发展，我们也发现，奥莱已经在建筑形态和经营形式上发生了很大的变化，其中表现明显的就是

“街区+盒子”形态的出现。如果说小镇式或街区式的奥莱在很大程度上满足了纯零售时代的消费需求，那么盒子式的建筑则在很大程度上是向全领域服务状态迈进的重要表现（见表2-3）。

表2-3　我国奥莱的分类

标准	分类		
距离	远郊型奥莱	近郊型奥莱	城市型奥莱
建筑型态	小镇式奥莱	街区式奥莱	盒子式奥莱
业态组合	纯零售奥莱	购物中心式奥莱	文旅型奥莱

前文中对城市型奥莱和文旅型奥莱做了一定程度的解读，也从业态的组合上对其进行了区分，但随着我国城镇化的建设，城市的空间距离被进一步缩短，最初选址在郊区尤其是近郊的奥莱因为城镇化和交通路网的进一步发展，逐步演化成为城市群的副中心甚至是单一城市的核心功能区，城市区位重要性的提升和人口流动带来的一系列变化，使那些早期的郊区型奥莱不再被迫成为单一的零售场所，在原有的“目的性”消费的基础上，它们还承载着社区商业的重要功能，而由于其在本质上与由市区传统百货转型而来的社区型奥莱的功能不同，这一类奥莱往往在前期发展的过程中，自身还携带了诸多微度假型奥莱和假日型奥莱的特点，因此，单一的标签不足以满足对这一类型奥莱项目的描述。以广州海印又一城奥莱为例，该项目位于广州市番禺区迎宾大道上，在长隆度假区概念范畴之内，该区域早期承担着链接广州老城区与番禺区之间交通纽带的功能，随着广州南站的开通以及长隆板块的进一步发展，在大量的商业与住宅兴起之后，该区域成了广番大型生活区，海印又一城奥莱从单一的假日型或者说近郊型目的消费场所逐步升级为周边常住人口的固定消费场所，海印又一城奥莱在发展过程中需要更加注重满足周边消费客群的生活服务类业态的引入，以满足目的性消费和周边常态化的消费需求。位于武汉盘龙城的百联奥特莱斯广场（武汉·盘龙）于2012年初开业，该项目距离武汉市区近40公里，属于典型的临空和远郊型奥莱。在长达十年的经营过程中，百

联奥特莱斯广场（武汉·盘龙）坚持以“主题公园+奥莱+旅游目的地”的模式吸引着省内的消费者。但随着交通条件的改善和盘龙城人口的极速增长，除了服务那些远途的消费者外，百联奥特莱斯广场（武汉·盘龙）还需要最大化地满足本地常住居民的日常生活需求，在某种程度上，该项目兼具了微度假型奥莱、假日型奥莱和社区型奥莱的三重概念。当然这一类的案例还有很多，此处就不一一列举了。

通过上述两个案例可以发现，近些年来，奥莱在城市发展过程中扮演的角色是在逐步变化的，从单一的商品去化渠道演化成为消费者日常的购物渠道，再到如今形成兼具多重角色的商业业态，奥莱的边际化发展越来越明显，其与多重业态的融合度也越来越高，本质上这也符合当下消费边际日渐模糊的整体发展趋势和奥莱为消费者提供全维度生活方式的发展需求。笔者认为，全维度的复合型发展也更符合我国奥莱未来的整体发展方向。与此同时还要提出，在未来二三线城市甚至是三四线城市的发展中，这种复合型奥莱将会迎来一个全面的发展机遇，这也是我国奥莱在下一个阶段中发展的主流模式。

四、奥莱的线上线下一体化优势

1.线下商业与线上商业的差异

线上线下一体化其实已经由来已久，但从最初提出概念到今天，线下实体零售企业的线上线下一体化进程依旧很慢，究其原因，本质上还是经营核心和利润分配方式不符造成的。除此之外，线上线下两者之间还存在着诸多方面的不一致。

①时间维度。线上商业最大的优点是突破了时间的限制，而全天候在线交易却是线下商业不可能实现的。相对于一年8760小时不打烊的线上

商业来说，线下商业全年不足4500小时的营业时间依旧捉襟见肘。营业市场的不同导致双方获取消费者的时间成本和转化成本有着巨大的差别。

②空间维度。这里谈到的空间要分开说，第一个空间是物理上的空间，即消费者与商品之间存在的真实物理空间，第二个空间是商品存量的展示空间。但是无论是物理上的空间还是商品存量上的空间，线上商业都拥有线下商业无法比拟的优势。虽然看上去消费者在线上拥有更多样化的选择空间，但这里要提出第三个空间概念，即在交互过程中的情感空间，在这一点上线下商业则拥有线上商业无法超越的优势。

③流量的广泛性和差异性。首先要明确，尽管流量起源于互联网，但从本质上说，流量仅仅只是互联网企业造出的一个新词汇而已。如果把线下商业比作一个平台，或者把线上商业比作一个线下的零售场所，那么你会发现流量基本上等同于线下商业常说的客流。数据的深度经营基本上等同于VIP运营或者客户运营。通过表2-4和图2-1可以清晰地看到，其实无论是线下商业还是线上商业，线上零售的平台与线下零售企业本质上都是运营流量，先不谈线上流量与线下流量在分配过程中的区别，两者获取流量的方式已经决定了两者在流量的广泛性上存在的巨大差异，线上零售的流量相较于线下零售的流量宽度更广，流量的复杂性和多面性也更加宽泛。线上流量的广泛性和全域性更强，线下流量的局域性和区域性则更强，零售商发现在面对两种流量时，线下流量的主动性或者到店流量的主动性要远远大于线上流量。因此，也可以说线下流量的可经营性对于商家而言，要远远大于线上的部分流量。

表2-4 线上线下流量特点

流量类型	流量规模	流量转化率	流量主动性	流量获取成本
线上流量	大	低	低	高
线下流量	小	高	高	低

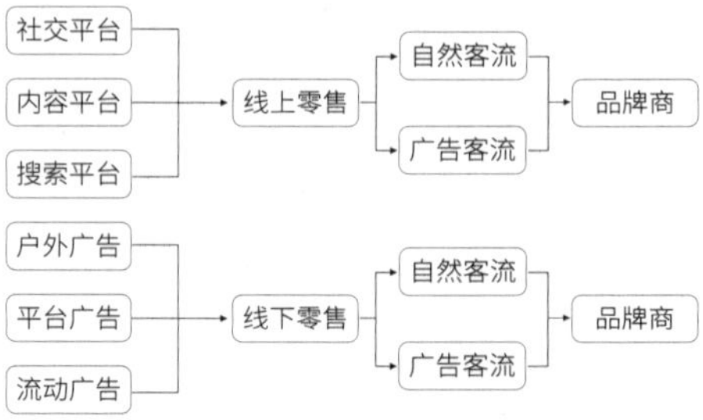

图2-1　线上和线下引流方式

基于流量的规模、获取成本、主动性以及转化率的不同，线上与线下团队在运营两种流量的过程中，从获取成本到最终完成转化都有不同的要求，尤其是在两种不同形态下，销售人员（客服）在接触流量的过程中，对于消费者的判断是完全基于不同的基础面的。

④商品的深度和宽度。一般来说，无论是自然搜索还是广告推荐，消费者在线上首先是与商品发生接触关系，然后才可能通过商品跳转到店铺展示页面或者其他的关联商品，因此单品的展示是线上零售最为关键的流量入口，在电商平台为消费者提供的标签中，销量、价格、好评等都是在无限地放大单品的曝光频次。换个角度来说，消费者对商家的关注极有可能仅仅停留在某一个单品上，而这个单品是否成交也自然成为其能否让消费者进行二次消费的关键。但是线下零售与消费者发生首次关联的是商铺而非商品，在保障商品性价比的同时，线下零售商必须在商铺的装饰和可选氛围上做足功夫来换取消费者在店内的良好体验，相比于线上的海量流量，线下零售商就必须提供更完整的商品选择和选购体验。以保证在有限的流量之内让消费者产生深度的连带销售的可能性。

⑤交互属性的差异化。简单来说，线上的交互可以定义为数字型交互，而线下的交互则是情绪类交互。这样说我相信很多从事线上零售的企业可能会不太认同，相比之下，线上零售的客服虽拥有极高的服务效率，可以同时服务数人甚至数十人，但本质上其依旧是模板式的问答甚至是机器人答复。而线下的交流则是人与人之间面对面的交流，这种交流就要求

销售人员必须关注消费者的情绪和行为从而做出正确的判断，这两者本质上并没有谁更高级一说，只是交互方式上的差异最终会导致客户服务的不同而已。

2.奥莱线上线下一体化的天然优势

说完上述的五点不同，你们会不会感觉线上线下之间存在着不可调和性？这个问题其实在很长的时间里都困扰着零售商，但是在这里要说明的是，线上线下经营的逻辑的确存在本质上的不同，因此两种渠道在融合上存在一定的困难，但现有的边界是否能够被打破，本质上就是看能否打破既有的利益分配模式。电商最初能够取得快速的成长，除了在互联网上获取了巨大的流量外，最初就是打破了商品在流通过程中的利益分配准则，减少了中间的代理环节，从而极大地降低了商品流通环节的中间费用，消费者才能够获得更具性价比的商品，这才是电商之于传统零售行业最大的变革。

那么为什么说奥莱天生就具有线上线下一体化的天然优势呢？可从如下几点来阐述：

①品牌直销。电商之所以能够取得快速的发展，最大的优势就是直接从源头到消费者，省掉了大量的中间代理环节从而极大地降低了商品的经营成本，最终呈现给消费者一个相对友好的价格。奥莱本质上是品牌直营或者工厂直营，是一个标准的B2C的过程，因此在价格体系上，电商和奥莱拥有着同样的逻辑。

②以商品为核心的导向。电商的商品优势已经是一个常态化的认知了，这个就不赘述了。一般来说，大众对于奥莱的优势认知更多停留在价格的层面。但从本质上说，奥莱的优势是商品，是拥有较高性价比的知名品牌。

③商品深度与宽度。在发展初期，奥莱的确是作为品牌零售商处理库存的清货渠道，但前文提到，随着奥莱业态的进一步发展，品牌零售商已

经不再单纯地将之作为清理库存的路径，而是将其作为平行于购物中心、百货的重要零售渠道，在奥莱的商品管理中也有不少的品牌零售商开始为奥莱打造专属的商品供应链和生产线，很好地解决了商品的深度问题，这一点其实与电商发展的整体路径极为相似。而除此之外，奥莱还保留了线下零售较好的商品宽度的问题，在货品层面，可以说兼具了线上与线下商业的双重优势。

3.奥莱数字化需解决的几个问题

鉴于前文内容，我们可以认为，相较于传统的线下商业，奥莱在商品架构、渠道管理等层面，都具有线上化的优势。但这不代表奥莱就一定能够做好线上化，我们认为现阶段奥莱要实现线上线下一体化还有几个问题没有解决。

①平台数字化。一般来说，目前我国实体零售企业线上化的整体程度并不高，也没有一套可行的适用平台的方案，行业整体上依旧处在探索阶段。完整的数字化平台的建设往往需要大量人力和财力的投入以及在实际经营过程中进行改善和升级，但这些投入对于大多数中小型企业而言，可能是一笔巨大的投入，而且需要持续投入。

②商品数字化。奥莱本质上依旧是一个空间的提供者，所有的商品管理权限掌握在品牌零售商的手里。想要实现全面的商品数字化，就必须打通商品的所有数字化标签，与线上不同的是，奥莱在不断提升商品深度的过程中，依旧保持了较大的商品宽度，再加上商品的流动存在着一定的不确定性，因此，奥莱想要完全实现所有商品的数字化是一个难点。当然，对于一些已经完成了线上布局的品牌商而言，这个问题或许比较容易解决，但依旧还有大量的中小型品牌并没有完整的线上管理模式，所以想要实现全面的商品数字化，还存在一定的困难。

③运营数字化。严格意义上说，线下零售的管理绝大多数是基于基层数据和过往的经验，而线上的管理更多的是基于深度的消费者数据来完成

的。想要实现奥莱的运营数字化，就必须跳出原有管理的思维定式，运营商要组建优秀的数字化管理团队并给予其充分且独立的管理权限，在这个问题上，就像品牌零售商想要做好奥莱业态，就必须建立独立的奥莱管理团队去经营这个业态一样，如果没有这个前提，运营的数字化推进工作可能也会成功，但是其效率则有可能被无限降低。当然，这在很大程度上会打破奥莱运营商现有的管理和组织架构。但这也是奥莱数字化转型的核心所在，没有这些，想要做好上面两点基本上不太可能。

五、构建奥莱上下游的新型合作关系

任何业态的变化与升级，本质上都是厂商之间合作关系和利益分配关系的冲突，因此，想要构建新型的合作关系，前提是必须要弄清楚当下奥莱与品牌零售商之间到底是一种什么样的合作关系。

首先说利益分配方式。目前，我国奥莱的利益分配方式主要有如下三种：

第一，纯扣点模式。这种模式常见于零售品牌，即奥莱运营商为项目的整体资金管理方，场内所有的销售金额统一缴至奥莱运营方的管理账户，等到了双方约定的结算日时，奥莱运营方扣除双方约定的比例后，将剩余部分结算给商户。目前我国主流的扣点比例维持在6%～15%，特殊的品类货品根据实际情况做特殊的比例约定。同时双方约定的扣点比例根据合约的时间周期进行定额的增长。

第二，租金模式。常用于配套业态居多的奥莱，厂商之间约定固定的金额作为场地使用的费用，这个类型的核算方式相对于联营扣点的模式比较简单。

第三，保底+扣点。保底模式在本质上等同于租金模式，一般常见于零售品牌，在成熟的奥莱或业绩较好的奥莱中比较常见。

本质上来说，上述三种方式更多的还是基于甲方（奥莱运营商）的实际状况做出的判断和选择，约定形式和具体数字很大程度上是基于甲乙双方的博弈关系所产生的。具体约定的数字的合理性则需要根据具体场地的实际运营情况以及当地商业的整体发展情况进行评估，此处就不做过多的阐述。

利益分配在很大程度上是以实际产生的结果为导向的，但是在这个过程中，我们也发现，奥莱经营方与品牌零售商在合作上更多呈现的是粗放型的，奥莱经营方仅保证通过营销的手段将消费者引流到场内，消费者到了场内之后呢？绝大多数情况下，消费者通过导视系统进行自由分流，导视系统中清晰的、装饰较好的、店招较为显眼的店铺则可能在这波客流中抓取到相对较多的客户从而形成交易。当然，在交易的过程中店铺的导购和商品自身的品质也承载着重要的作用。在这个过程中，奥莱运营方负责的是引流，品牌零售商负责的是流量的自主抓取和转化。我们要思考的是，这一点没有错，但是够好吗？奥莱良好的购物环境、高性价比的商品的确是一个非常有利的流量抓手，但是，当下的商业正处在一个流量经济的时代，流量的抓手固然重要，而构建新的流量入口也同样重要。

奥莱运营商通过外部资源导入流量，固然是奥莱获取新增流量的重要途径，但相对之下，这种获取流量方式的时间较长，成本相对比较高，一些超大型的融合型业态更需要特殊的机会，并不是每一家奥莱都面临同等的条件与机遇。那么，在没有外部条件助攻的情况下，奥莱的经营者们又该怎么找到更为有力的抓手呢？答案是重视内容。流量的终极密码一定是内容，但如前文所说，外部条件的建立是需要特定条件的，那么，奥莱只能通过内部条件进行内容转化，打造沉浸式的消费场景是当下奥莱最主要的选择。我们同时要注意，奥莱场内所有的品牌不只是一些头部知名品牌，其实所有的品牌和商家都是奥莱未来流量的重要入口。在传统的经营形态中，品牌和商家大多数情况下扮演的是“蹭流量”的角色，是被动地承载奥莱流量转化的“工具”，奥莱从业者应该推开每一家品牌公司的大门，走进去，看看他们多年的经营经验中有哪些是值得被挖掘的，有哪些资源是可以拿出来合作的，那些独具特色的资源能否成为未来奥莱真正的流量入口，而不仅仅是让品牌和商家成为商品交易的“工具”。

所以笔者认为，在未来，奥莱的运营方可以更多地考虑如何与品牌零售商建立强合作关系。

第一，优化现有的利益分配模式。如前文所说，所有新生业态本质上是双方的利益在重塑，换言之，所有退出历史舞台的合作模式都存在利益分配不合理问题。品牌商能够最大限度地在一个项目里赚到钱，双方才可能维持长久的合作与共赢，利益过度的倾斜也是双方关系走向极端的开始，这一点对于厂商之间的合作也同样适用。

第二，优化现有的合作交互方式，最大化地“走出去，请进来”。在很长的一段时间内，绝大多数情况下都是品牌零售商“走出去”，而这种“走出去”也只是停留在业务层面而已。奥莱是品牌零售商在当地做强做大的最大支持者，所以这种“走出去”应该更多地体现在品牌公司的立场上。虽然大多数奥莱运营商或者单个项目基本上都是立足于本地的，但如果不了解场内的合作伙伴未来究竟想要往哪里走，又怎么可能清楚地知道双方未来会有哪些方面的合作可以更好地优化呢？所谓“知己知彼，百战不殆”，只有充分了解了对方未来要往哪里去，双方才可能建立统一战线，相互帮扶，创造更高的价值。

第三，提升双方的流量互助和共建能力。每一个主体身上都有鲜明的特色，每一家企业背后都有不同的故事，每一家品牌背后都有众多的支持者。作为奥莱运营商，能否挖掘出每一家品牌背后的资源、故事或文化，并在此基础上充分融合现有的营销手法，让品牌零售商成为未来奥莱重要内容和流量的抓手，来提升奥莱对流量的抓取能力以及本地流量对品牌的全新认知，实现流量与业绩的双增收很重要。品牌商也应该意识到，如果仅仅是蹭流量而不是成为流量的共生者，那么在优质的内容出现后，现有的位置随时可能被取代，因为我们知道，除了部分极具号召力的品牌外，绝大多数的品牌在本质上其实站在同一起跑线，大多数品牌是没有绝对优势的，如果无法成为助力奥莱发展的有力推动者，未来的品牌商会在哪里？

当下我国奥莱整体上还保持着较好的上升势头，但如前文所讲，其实奥莱整体上依旧处在一个相对粗放的发展阶段，行业整体却即将进入精细化的运营阶段，如果没有良好的利益分配机制，没有良好的合作形态，没有共生共赢的意识形态，那么精细化的运营从何而来？

六、从“奥莱+”到“+奥莱”

在过去的20年间，我国奥莱业态已经逐步走出了自己的道路，无论是奥特莱斯购物中心、城市型奥莱还是近几年讨论较为热烈的文旅型奥莱，相对于早期发展起来的欧美型奥莱而言，已经完成了第一步的业态升级与产业细分。这个阶段我们整体上称为“奥莱+”，即在奥莱这一单一核心概念的基础上，通过整合其他业态或者内容形成有效的补充。其中以配套商业为补充内容，比如电影院、游乐设施或餐饮等常见的配套业态所形成的“奥莱+”则整体呈现为奥特莱斯购物中心或奥特莱斯生活中心，国内最初形成这种形态的要数沈阳的盛京大奥莱（原兴隆大奥莱）（见图2-2）。通过超市、电影院以及酒店等多元业态，盛京大奥莱发展成为极具影响力的地方型商业中心。

图2-2　沈阳盛京大奥莱

无锡悦尚奥特莱斯（见图2-3）（2022年9月9日开业），是目前国内体量最大的“奥莱+生活中心”综合体项目。无锡悦尚奥特莱斯位于惠山大道与北环路交叉口，是惠山区的地标性项目，同时作为苏锡常都市圈的重要组成部分，辐射范围包括苏州、常州等周边城市的消费者。项目占地面积330亩，商业面积36.8万平方米，为地下一层、地上三层建筑结构，并分为A、B、C、D、E馆五大主题区域，停车位合计超过20000个。在巨大的体量优势下，项目为迎合全客层消费群体，充分发挥首店经济魅力，聚焦高品质生活，共引进了8家品牌的江苏首店以及116家品牌的无锡首店，如在生活业态上，引进了高端美妆品牌HAYDON无锡首家旗舰店、江苏首个原创魔幻儿童剧场乐园土拨鼠俱乐部、TOP TOY全球潮玩集合店无锡首店、无锡首家星轶影城、橄榄绿健身首家概念旗舰店、蹦床派对主题乐园KANGA ZONE无锡首店、新足浴品牌贵足汇无锡首店、拾光车站无锡首店、睿恩名邸国际家居无锡首店等丰富的配套业态。无锡悦尚奥特莱斯为当地带来商业新风潮的同时，也提供了集购物、餐饮、娱乐、休闲、文化、教育、游乐、住宿等功能于一体的“全时段、全业态、全客群、全龄段、全方位”的多元化体验，全力助推消费市场繁荣，激活消费新活力。其创下了全国奥莱“体量之最”、全国零售商业“存量改造

图2-3　无锡悦尚奥特莱斯

之最”等新纪录，为国内奥特莱斯乃至零售商业如何打造全业态复合型商业空间，起到了领先的示范作用。

体量或者经营业态的增加，只能让现行的奥莱在服务功能上更加丰满，但其本质依旧是一个购物场所，一个以奥莱为核心的零售场所，即便体验型业态能够为奥莱“输血”，也改变不了其单核心商业的本质。而笔者在2020年的时候就提出，中国的奥莱将会开始从“奥莱+”走向“+奥莱”。而从“奥莱+”到“+奥莱”的转变中最根本的变化是奥莱开始从“单核心”向“多核心”转变，奥莱将成为整个大项目中的一个引擎，与其他的引擎一起为整个大项目“造血”而不仅仅是为其“输血”。杉杉奥特莱斯广场·深圳（见图2-4）就是这样的一个案例，作为杉杉商业集团旗下第11座奥莱、粤港澳大湾区第一座奥莱、杉杉商业集团的首个轻资产项目，杉杉奥特莱斯广场·深圳总体量15万平方米，是杉杉商业集团与深圳本地企业满京华集团在以满纷天地艺术社区为核心的基础上打造的与现有的产业相匹配的奥莱项目，通过“满纷天地艺术社区+生活中心+奥特莱斯”的三核效应，三者之间既能够独立“造血”，也能“输血”。当然，可能有些人会说这不就是异业之间的协作吗？与其他的社区商业大体

图2-4 杉杉奥特莱斯广场·深圳

上还是差不多的。从形态上看，跨业态的协作在某种程度上的确可以达到相近的效果，但要明确的是，跨业态的合作想要将资源和利益最大化，除了良好的协同效益外，最关键的是看能否长期保持目标的一致性和动作的协同性，如果仅仅是一方面的“输血”而不能形成多方位的长久“输血”和“造血”双循环，这样的协同或合作是不平衡的，也是不健康的。杉杉奥特莱斯广场·深圳与满纷天地艺术社区或者说满京华艺术园区的多维度协同，是基于体系内部的多点协同的，其意义与常规情况下的跨界联合有着本质上的区别。

杉杉奥特莱斯广场·深圳是“+奥莱”在我国的一次尝试，当然其不会是“+奥莱”的唯一形态，无论是前文所阐述的文旅型奥莱还是当下热门的“TOD模式”，又或是其他的商业形态，“+奥莱”的概念最关键的是让奥莱从原有的零售圈走向产业圈，通过更有效的机制协同和资源互补，形成包括奥莱在内的多核心商业（产业）集群，通过相互之间的补充形成优秀的“自我造血”与“相互输血”功能，这才是“+奥莱”最大的优势。

关于“奥莱+”和“+奥莱”，目前在商业模式上还存在属性差异，我们希望看到中国奥莱的发展具有突破性和创新性，但也希望不要因为是一个新概念，就随意戴帽子，“奥莱+”是当下比较成熟的奥莱形态，“+奥莱”则是从产业发展的角度去研究的另一种奥莱发展形态，两者没有孰优孰劣之分，都是根据具体的情况而制定的不同发展路径。

后记

对于一个产业的发展来说，行业的平台就像是一剂润滑剂，使得产业的上下游能够有机且顺滑地运转起来。奥莱领秀（广州）传媒之于我国奥莱行业也是一样，在很大程度上帮助了行业的从业者在发展过程中正确认知所处行业的实时状态，通过行业平台的组织与传播，实现业内相互交流、相互成长，在一定程度上达到共生、共勉、共赢的状态。那么奥莱领秀（广州）传媒在实际的操作过程中具备怎样的功能与优势？

虽然近些年我国奥莱取得了长足的发展，但是我们依然要正确地认识到，相较于其他商业业态，奥莱整体的市场规模和容量目前还比较小，且在快速发展背景下遇到的问题由于缺乏对应的参考案例而需要更多的企业加入探索答案的队列。奥莱领秀（广州）传媒在这个过程中就必须扮演好组织者的角色，在日常的经营过程中发现并整理问题，组织行业内优秀的企业积极探讨这些问题并探索面临的发展问题。

任何商业业态都不是独立存在的，也不可能独立存在。想要更加符合市场发展的需求，就必须不断地融合和扩大，当然奥莱也一样。奥莱的整体规模相较于其他业态比较小，因此在获取最新的第三方资源层面上，奥莱往往会相对滞后。奥莱领秀（广州）传媒是奥莱以整体的形式与外界发生关系的纽带，不仅可以最大化地加快奥莱行业与新业态、新技术等创新内容的融合速度，还能最大化降低中小型奥莱的链接成本，有效地加快我国奥莱整体的创新和发展速度。

我国奥莱未来十年要朝着哪个方向发展，要基于行业特点、发展现状以及国家整体发展规划的重点做整体评估，在这个过程中，奥莱领秀（广州）传媒今后依然会坚持以客观事实为基础，以真实的发展数据和问题为依据，提出对行业的整体发展方向具有参考性的建议。

奥莱领秀（广州）传媒的发展历程

2010年： 创办国内首个奥特莱斯专业门户网站——中国奥特莱斯网（https://outletscn.com）。创办13年，奥特莱斯网累计发文超10万篇，累计促成合作价值达1千亿元规模。

2011年： 创办全球首本奥特莱斯专业期刊——《奥莱领秀》，至2022年底已连续发刊70期。累计发行量近百万册（含电子刊物），阅读覆盖人群超40万人。

2012年： 创办中国奥莱行业内最具规模及专业的峰会——奥莱领秀峰会，奥莱领秀峰会是我国奥特莱斯行业规模与专业度兼具的年度盛会，至今已连续举办9届。累计参会企业达2500家，累计参会人数近5000人，并与近100家国内外奥特莱斯企业及国内外知名品牌达成长期稳定的战略合作。

2014年： 创办国内首个奥莱生态服务平台——中国奥莱会，包含传媒、商业、教育三大核心服务。目前已经服务政府职能部门、地产开发商、奥特莱斯运营商以及品牌运营商累计超1000家。2015年，中国奥莱会私享会首次举办，该活动包含游学、研讨以及专项诊断等。活动涉足日本、韩国以及我国30个城市。中国奥莱会私享会的落地帮助我国奥特莱斯上下游企业“走出去，请进来”，为推动我国奥特莱斯上下游企业的快速发展发挥了积极作用。

2017年： 创办全球首个奥莱商学类教育机构——奥莱领秀商学。

声明：由于本书所用数据和图片涉及范围广，无法与版权所有者一一取得联系，请相关版权所有者看到本书后，与奥莱领秀（广州）传媒取得联系，以便酬谢。

电话：020-88501515；18502011185